Los grupos familiares y el crecimiento de la iglesia

DAVID YONGGI CHO

©1982 EDITORIAL VIDA
Miami, Florida 33166

Publicado en inglés bajo el título:
Successful Home Cell Groups
por *Logos International*

©1981 por Logos International

Traducido por Susana Benítez Lacy

Diseño de cubierta: O Design

Reservados todos los derechos

ISBN 0-8297-1346-8

Categoría: *Ministerio Cristiano / Crecimiento de la Iglesia*

Impreso en Estados Unidos de América
Printed in the United States of America

HB 04.08.2024

Indice

Prefacio: El porqué de los grupos
          familiares 5

1. La ambición personal: el motivo
   del desastre 9
2. El programa divino de reeducación 23
3. Cómo lograr que su iglesia
   acepte el plan 33
4. El contraataque de Satanás:
   los siete obstáculos 43
5. La seguridad que ofrecen los
   grupos familiares 63
6. Los grupos familiares: la clave
   de la evangelización 73
7. Un nuevo tipo de misionero 91
8. La iglesia del milagro 101
9. Autoridad con amor 109
10. La Organización Internacional para
    el Crecimiento de la Iglesia 117
11. Cómo comenzar los grupos
    familiares 127
12. La importancia de la comunión
    con el Espíritu Santo 141
13. Cómo estimular a los dirigentes
    laicos 159
14. La predicación en una iglesia
    en crecimento 169
15. Las ilimitadas posibilidades
    de crecimiento de la Iglesia 187

Prefacio / El porqué de los grupos familiares

Durante años he viajado por todo el mundo, y he compartido en seminarios y conferencias la historia del milagro que Dios ha hecho en nuestra iglesia de Seúl, Corea. En 1958 éramos una misión insignificante que operaba bajo una carpa en el sector pobre de la ciudad. Hoy hemos crecido hasta llegar a ser la congregación más numerosa del mundo.

Sin embargo, para lograrlo, Dios tuvo que transformar no sólo mi persona sino también mi manera de ser. Los sistemas tradicionales que por lo general se aplican al desarrollo y dirección de la Iglesia, no funcionan en tan gran escala. Sólo El tiene el secreto del éxito, y es su deseo que toda iglesia lo tenga. Además, nos lo ha dado también para que lo compartamos con los demás.

Hoy día el mundo necesita de manera desesperada el mensaje de Jesús como Salvador y Señor. Nuestras iglesias y nuestras ciudades necesitan experimentar un avivamiento, no sólo de vez en cuando sino durante los trescientos sesenta y cinco días del año. Estoy convencido de que ese avivamiento es posible, porque se está llevando a cabo en estos momentos en nuestra iglesia, la Iglesia Central del Evangelio Completo. Se está llevando a cabo porque he aplicado los principios que expondré en las páginas de este libro.

Dios no quería que yo guardara este secreto del éxito para mí mismo. En realidad, en 1976, me instó a que fundara la Organización Internacional para el Crecimiento de la Iglesia, con el propósito de que llevara a todos los pastores y laicos del mundo, el mensaje y los conocimientos de los principios de crecimiento de la Iglesia. Sin embargo, el número de personas que pueden asistir a los seminarios es limitado, y es necesario que la información impartida en ellos esté al alcance del mayor número posible de cristianos. Esos principios no son míos; son de Dios. El nos los ha dado para que todos nos beneficiemos de ellos.

Estoy convencido de que el crecimiento de la Iglesia está llamado a ser una de las principales campañas del Espíritu Santo en la década del ochenta. Este libro trata del crecimiento de la Iglesia, a pesar de que no sea ese su tema principal. El crecimiento de la Iglesia es un subproducto. El verdadero secreto está en los grupos familiares.

Muchas iglesias que han sido fundadas alrededor de algún personaje, están llamadas a desaparecer. He tenido la oportunidad de visitar suntuosas catedrales donde sólo unos cuantos creyentes rinden culto a Dios aún. Diversos predicadores famosos han predicado desde sus púlpitos, pero al desaparecer éstos, las ovejas se han desbandado. Eso no debe suceder. Las iglesias no deben depender de un solo pastor lleno de energía.

Hay otro camino. Los grupos familiares le proporcionan a cada miembro de la congregación la oportunidad de participar en el ministerio de su iglesia, y de llevar el avivamiento a su propio barrio. Esa participación les proporciona una gran satisfacción íntima a nuestros miembros. El resultado ha sido que el proceso de evangelización se ha multiplicado.

No obstante, para que los grupos familiares tengan éxito, es necesario seguir ciertas pautas. El crecimiento de una iglesia y la labor de evangelización no son subproductos automáticos. Varias iglesias lo han intentando y han fracasado por haber hecho caso omiso de ciertos principios fundamentales.

Al observar las normas que aquí presento, usted podrá llevar a su propia congregación el milagro de los grupos familiares y del crecimiento de la Iglesia. A medida que lea este libro, pregúntele al Espíritu Santo qué papel le ha reservado. Lo único que podrá limitar los resultados será su falta de franqueza hacia El.

Doctor David Yonggi Cho
Iglesia Central del Evangelio Completo
Seúl, Corea
Noviembre de 1980

1 / La ambición personal: el motivo del desastre

En 1961 me decidí a construir la iglesia más grande de Corea. Creí entonces que la construía para Dios, pero hoy me doy cuenta de que en verdad lo que me animaba era mi propia ambición, y fue un desastre. El Señor permitió que fracasara para que en mi apuro me volviera a El y le permitiera construir su propia iglesia. . . de la manera que El deseaba.

En aquellos momentos teníamos una iglesia — que yo había fundado tres años atrás — de seiscientos miembros. Hacía poco nos habíamos mudado del lugar donde originalmente se encontraba la "carpa-iglesia", en Taejo Dong, un barrio de Seúl, a un lugar más conveniente en la zona de Sodaemoon (o Puerta occidental), en el centro de la ciudad. Era una iglesia que crecía de día en día, y me sentía orgulloso de lo que había podido realizar en sólo tres años. En realidad, confiaba demasiado en mí mismo. Razonaba así: Si me había sido posible atraer seiscientos miembros en el corto espacio de tres años, ¿por qué no iba a poder construir la iglesia más grande de la ciudad?

En ese momento, La Iglesia Presbiteriana de Yong Nak era la iglesia más grande de Seúl, con unos seis mil miembros. Aquello era un gran reto para mí. Cierto día, sin que nadie lo supiera, tomé una vara de medir y me dirigí a aquella iglesia presbiteriana para tomar las medidas exactas. Medí el largo y el ancho del edificio y conté los bancos de la iglesia. Tenía cabida para más de dos mil personas.

Aguijoneado por mi ambición, me dije:
— Construiré una iglesia más grande y el Señor la llenará.

Al iniciar mi ministerio, Dios me mostró lo importante que era fijarme unas metas y tener la fe necesaria para creer que Él se encargaría del crecimiento que yo había soñado. Me enseñó a orar por mis necesidades de manera específica. Cuando le dio crecimiento a mi ministerio, me enseñó a imaginarme el número de personas que vendrían a mi iglesia. A medida que oraba y meditaba, el Espíritu Santo me confirmaba, a menudo por medio de las Escrituras, que Él me daría el número de miembros que yo había pedido.

El primer año le pedí a Dios ciento cincuenta miembros, y los tuve. El segundo año le pedí que doblara el número de miembros, y tuve trescientos. Al tercer año le pedí de nuevo que doblara el número de miembros, y para fines de ese año tenía seiscientos miembros.

Esa vez decidí pedirle al Señor que quintuplicara nuestro número de miembros dentro de un período de tres años, lo que aumentaría el total de los miembros a tres mil para el año de 1964. Sentí que hasta esa cantidad tenía fe suficiente para creer.

Al orar, recibí la confirmación de que, en verdad, por intermedio mío, Dios construiría una iglesia más grande que la Iglesia Presbiteriana de Yong Nak. Me sentía emocionado. No esperé a recibir otra revelación de cómo el Señor deseaba que alcanzara esa meta; sencillamente empecé a trabajar con mayor ahínco, para traer nuevos miembros a la iglesia.

Creía que Dios aprobaba el trabajo que realizaba. Al fin y al cabo, cada día bendecía nuestro trabajo con milagros y sanidades; eso era lo que traía gente a la iglesia. Sin embargo, estaba convencido de que Dios había hecho de Yonggi Cho algo especial. El hacía todo ese trabajo a través de mí. Sin mí, nada sucedía en la iglesia.

Después de trasladar la iglesia de su lugar original, donde era conocida como la Iglesia del Evangelio Completo de Taejo Dong, le dimos el nombre de Iglesia Central del Evangelio Completo. Yo era el pastor, el administrador, y estaba a cargo del programa de la escuela dominical. Además, en ocasiones, desempeñaba hasta el puesto de conserje. Pensaba que la Iglesia Central del Evangelio Completo no podía funcionar sin el reverendo Paul Yonggi Cho. Yo era el eje alrededor del cual giraba la iglesia.

No lo hacía intencionadamente. Me había criado durante la ocupación japonesa de Corea, y me había visto obligado a vivir en la pobreza más abyecta. Poco faltó para que muriera de tuberculosis. Como reacción a mi vida anterior, tenía una ambición desmedida por ser famoso y alcanzar el éxito, así como por hacer mucho dinero. En realidad, antes de reconocer a Cristo Jesús como mi Salvador, había pensado en ser médico.

De ahí que al entrar al ministerio abrigaba en secreto, dentro de mi corazón, el deseo de convertirme en un predicador famoso y acomodado. Amaba a Dios y deseaba trabajar para El, pero mi móvil secreto era el deseo exagerado de tener éxito. Era muy personalista y deseaba hacerlo todo a mi manera.

Dios se vio obligado a destruir todo eso, puesto que de otra manera la iglesia hubiera sido mía y no suya. Tuvo que doblegarme para que fuera digno de ser el pastor de sus ovejas. En aquel entonces no me daba cuenta de eso y por tanto, al tratar de hacer todos los esfuerzos posibles por servir al Señor, siempre sentía cierta aprensión y el cansancio me invadía.

Al llegar 1964, no habíamos alcanzado los tres mil miembros que le había pedido a Dios. Nuestra congregación tenía ya dos mil cuatrocientos miembros, y mis problemas eran serios. Aún creía que corriendo de un lado para otro desde el amanecer hasta bien entrada la noche, lograba grandes cosas para el Señor. Sin embargo, mis nervios empezaban a desgastarse. A pesar de que siempre estaba fatigado, continuaba esforzándome para que la iglesia siguiera adelante. Predicaba, aconsejaba, visitaba los enfermos, tocaba a las puertas. . . Estaba en movimiento constante.

La crisis sobrevino un domingo después del segundo servicio de la mañana. Ibamos a bautizar trescientas personas. (Era nuestra costumbre celebrar el bautismo de los creyentes dos veces al año.) El doctor John Hurston, un misionero norteamericano que compartía conmigo mis labores de pastor, estaba presente. Sin embargo, debido a mi actitud — creía que era yo quien tenía que hacerlo todo —, le había dicho a John que yo bautizaría a cada uno de los nuevos miembros personalmente. Puesto que me consideraba un "instrumento especial de Dios", creía que sólo por intermedio mío, podía El bendecir a esas personas.

No obstante, John se dio cuenta de mi cansancio cuando entré al agua a recibir el primer miembro. — Cho — me dijo —, creo prudente que me permitas ayudarte. — No, no, estoy bien — protesté. Sin embargo, no osaba detenerme a pensar en la gran muchedumbre que esperaba ser bautizada. Fui tomando uno por uno, diciendo —: Yo te bautizo en el nombre del Padre, del Hijo, y del Espíritu Santo — a medida que los sumergía en el agua. Por supuesto, que luego tenía que alzarlos.

Todo fue bien con los primeros, pero luego vinieron algunas señoras un poco gruesas, y tuve que hacer un gran esfuerzo para sostenerlas y volverlas a sacar del agua. No tardó mucho antes de que me sintiera agotado, y que los músculos de mis brazos temblaran.

Fue entonces cuando John Hurston me dijo:
— Cho, estás un poco pálido. ¿Te sientes bien?

— Estoy bien — le respondí, asintiendo vigorosamente para demostrar mi determinación.

— No, creo que necesitas descansar un rato — insistió —. Sal fuera del agua y permíteme continuar hasta que recobres las fuerzas.

— Te dije que estoy bien — le contesté con firmeza.

Movió la cabeza para demostrar sus dudas. Sabía que no estaba convencido. En mi mente le pedí a Dios que me diera fuerzas.

Hasta el día de hoy no sé si en verdad lo hizo El o si yo, con mi decisión férrea de permanecer en pie, pude lograrlo. Lo cierto es que pude sostenerme y bautizar a las trescientas personas. Cuando la última persona salió del agua, yo estaba mareado y al borde del delirio.

A pesar de mi cansancio, mi trabajo no había terminado. Esa tarde tenía que recibir a un evangelista procedente de los Estados Unidos que nos hacía una visita, y esa misma noche tenía que servirle de intérprete.

De nuevo John demostró su preocupación por mi salud, y me dijo: — Te ves muy cansado. Por favor descansa esta tarde, y yo iré al aeropuerto.

— Le dije que no con la cabeza —. El me espera a mí — le dije —. No deseaba renunciar ni a una sola de mis obligaciones como pastor.

De ahí que, sin detenerme a almorzar, me dirigí al aeropuerto, recibí al evangelista y lo llevé a su hotel. Durante todo ese tiempo mis piernas temblaban cada vez que me ponía de pie. Logré descansar un rato antes de recogerlo y llevarlo a la iglesia.

Al empezar el servicio de la noche, varios de los diáconos se unieron a John Hurston para expresar su preocupación por mi salud. — Pastor Cho — dijo uno de ellos —, usted se ve muy demacrado. Es imposible que pueda traducir esta noche. Permítame buscar otro intérprete.

Sin embargo, me dije a mí mismo: ¿Quién podrá interpretar el mensaje de este hombre sino yo? El poder de Dios corría por mis venas y yo era el único que podía interpretarlo de manera adecuada.

— No, estoy bien — les aseguré.

El evangelista empezó a hablar e inmediatamente me di cuenta de que las cosas no iban bien. Era un fogoso predicador pentecostal típico, y empezó a saltar y a gritar tanto que, en mi labor de intérprete, me era muy difícil seguirlo. El estaba ungido; yo no.

Para compensar mi propia falta de unción, traté de darle mayor calor a mi voz, y pronto empecé a vociferar la interpretación de cada frase. El evangelista me miró de soslayo, y él también empezó a gritar y a vociferar. Pronto, tanto él como yo gritábamos y vociferábamos alrededor del púlpito.

Después de que llevaba predicando su mensaje media hora, empecé a sentir grandes contracciones alrededor del corazón. No podía respirar. Mis rodillas temblaban. Por fin, mi cuerpo no pudo resistir más y, contra toda mi voluntad, empecé a caer. A pesar de que aún podía oír al

evangelista vociferando a medida que se dobla-
ban mis rodillas, me pareció que mis ojos se
habían apagado. Todo quedó en tinieblas.

Mientras caía, recuerdo que le dije a Dios:

— Señor, ¿por qué me castigas en público?
Podías haberlo hecho en privado, en mi oficina.

Mis ojos se aclararon mientras permanecía
allí acostado, y los clavé en los de John a la vez
que le decía: — John, me muero —. Mi corazón
parecía temblar, y trataba de respirar desespera-
damente. . . Todo mi sistema parecía clamar por
oxígeno. Por fin perdí el conocimiento.

Entretanto, la congregación oraba por mí,
pero el evangelista huésped permaneció de pie,
en el púlpito, olvidado de todos por el momento. Desconcertado, se limitaba a mirar con
impotencia lo que sucedía. Nada podía hacer;
había perdido su vocero.

Cuando volví en mí, me puse de pie con gran
dificultad y a pesar de mi gran debilidad volví
al púlpito. Lo único que podía hacer era suspen-
der el servicio, y así lo hice. Luego los diáconos
me condujeron hasta una ambulacia y me llevaron al hospital.

En la sala de emergencias me sentía humilla-
do. Yo era el pastor, el que oraba por los
enfermos y éstos se sanaban. ¿Qué hacía en
aquel lugar? Mi ego no podía aceptarlo. Empecé
a reclamar mi sanidad; eso era lo que creía que
debía hacer. Esperaba que el Señor hiciera un
milagro, me sacara del hospital y me enviara a
casa.

— Sáquenme de este hospital — clamaba.

Tengo confianza en la Palabra de Dios. Por su llaga fuimos curados. No permitiré que me inyecten; no me den medicina alguna.

Por fin los doctores desistieron y los diáconos me llevaron a casa.

Pero el Señor no estaba dispuesto a sanarme. Continué reclamando todas las promesas de sanidad que se encuentran en la Biblia. Si alguien ha clamado la Palabra de Dios, ese alguien soy yo. Estaba soltero en aquel entonces, y me sentaba en la cama de mi apartamento e invocaba todas las partes de las Escrituras que podía recordar sobre sanidad. Las citaba sin cesar, diciendo: — Dios mío, Tú lo has prometido. *No puedes* negar lo que has dicho. Yo lo reclamo. En nombre de Jesús, estoy sano.

Sin embargo, no mejoraba. Sentía las mismas opresiones en el corazón, y se me hacía difícil respirar. Entre los diáconos de nuestra iglesia había varios médicos que se ofrecieron a ayudarme, pero yo me negué. — Me acojo a la Palabra de Dios — decía.

Hoy, al pensar en el pasado, me doy cuenta de que mi fe estaba en la cabeza y no en el corazón. La fe de la cabeza no puede reclamar nada. Yo sólo reclamaba el *logos*, que es la Palabra de Dios en general. Desde entonces he aprendido que sólo cuando el Espíritu Santo da una confirmación específica (*rhema*, la Palabra de Dios revelada a un individuo), podemos reclamar cualquiera de esas promesas como nuestras. Entonces nuestra fe se convierte en fe del corazón y con esa fe podemos mover montañas.

En aquellos momentos, yo no sabía eso, y por tanto, continué reclamando esas promesas, usando la fe del entendimiento. Traté de hacer caso omiso de los síntomas y pasar por alto el hecho de que casi no podía levantarme de la cama. Traté de ignorar la presencia de la muerte que presentía en mi dormitorio. No podía darme por vencido.

Al domingo siguiente les pedí a los diáconos que me llevaran a la iglesia para predicar. Estaba tan débil que no podía salir de la casa por temor a desmayarme, y necesitaba un ama de llaves que me cuidara. Sin embargo, insistí en cumplir con mis obligaciones de pastor de la iglesia. (En mi ausencia, el doctor John Hurston y la señora que más adelante sería mi suegra, la reverenda Jashil Choi, desempeñaban muchas de las funciones pastorales.)

Una vez que los diáconos me acompañaron hasta el púlpito, me mantuve de pie ante la preocupada congregación. Temblaba de pies a cabeza. Empecé a predicar con voz muy débil; hablaba despacio y me detenía después de pronunciar unas cuantas frases. Pude soportarlo sólo unos ocho minutos, antes de desmayarme.

Los diáconos me llevaron a mi oficina y cuando desperté, empecé a reclamar de nuevo las promesas de Dios: — Por su llaga fui curado. . . El llevó nuestras enfermedades y sufrió nuestros dolores. . .

Traté de recurrir a la fe ciega. Sin embargo, no tenía en mi corazón esa preciosa confirmación del Espíritu Santo de que iba a sanar.

— Llévenme al segundo servicio — les dije a los diáconos —. Voy a confiar en que el Señor me dará fuerza.

En el segundo servicio me mantuve de pie ante el púlpito y oré débilmente: — Señor, ahora estoy haciendo uso de la fe, e insisto en tu Palabra. Dame fuerzas.

En esa ocasión pude predicar sólo cinco minutos antes de desmayarme. Más tarde, después de que los diáconos me habían llevado a casa, sentí que en verdad me iba a morir.

Pero algo sucedió entonces dentro de mí. Parecía como si Dios tratara de llegar hasta mí y decirme que no podía continuar reclamando a ciegas todas esas promesas. Nunca le había preguntado cuál era su voluntad en mi caso. Es más, hasta entonces nunca había considerado la posibilidad de que Dios optara por no sanarme.

— Padre — le dije —, Tú nos diste todas esas promesas. Sin embargo, las reclamo y Tú no me sanas. ¿No vas a sanarme?

Luego me sorprendió muy clara la voz de Dios: — *Hijo, voy a sanarte, pero el proceso de esa sanidad durará diez años.*

No había sido una voz audible, pero había sido tan clara, que sabía que no me había engañado. Me conmoví. Era como si Dios hubiera dictado sentencia sobre mí y, no obstante, sentía cierta paz en mi trepidante corazón. Deseaba discutir, pero sabía que con Dios no se discute.

Durante los diez años siguientes — desde 1964 hasta 1974 — hubo momentos en que me sentí morir. Por fin había comprendido que un hombre arrogante paga un precio muy alto: un corazón endurecido es difícil de quebrantar. Yo habría deseado ser quebrantado en un instante, y en cambio tuvieron que transcurrir diez años para destruir al "gran Cho", como yo mismo había llegado a considerarme.

Me es difícil describir mi sufrimiento durante ese tiempo. Cada mañana, al despertar, lo primero que sentía eran las palpitaciones de mi corazón y una sensación de calor abrasador me subía desde los dedos de los pies. Entonces me decía a mí mismo: — No creo que sobreviva al día de hoy. — Sin embargo, entonces recordaba la promesa de Dios de sanarme y sabía que no iba a morir ese día. Por tanto, me levantaba sudoroso, mareado y haciendo esfuerzos para respirar, y tomaba la medicina que ahora comprendía que necesitaba.

Mi sueño de tener la iglesia más grande de Corea me vino a la mente. ¿Cómo podría alcanzar esa meta, me pregunté, cuando no podía ser el pastor que necesitaban mis dos mil cuatrocientos miembros?

No obstante, Dios había dicho que me sanaría, y de ahí que no estuviera dispuesto a claudicar. A pesar de que estaba tan débil que no podía permanecer de pie ante el púlpito y predicar un sermón, insistía en que los diáconos me ayudaran a llegar hasta la plataforma para estar presente cuando John Hurston predicaba.

A medida que continuaba en ese estado de desesperación, me fui dando cuenta de que era posible que Dios tuviera otro motivo para permitir mi sufrimiento, y comprendí que necesitaba estar más dispuesto a recibir su orientación. Sólo entonces pudo El empezar a revelar el plan que tenía para mí y para la Iglesia Central del Evangelio Completo.

2 / EL PROGRAMA DIVINO DE REEDUCACIÓN

Alrededor de un mes después de mi colapso, Dios empezó a hacerme comprender que los procedimientos que había empleado hasta entonces no eran los correctos para guiar a nuestra iglesia.

Me encontraba en mi apartamento, acostado, sin poder moverme. A pesar de que estaba resuelto a no dejar mi ministerio, se me hacía imposible cumplir con él. John Hurston y la señora Choi llevaban el peso del trabajo, pero no podían atender a las necesidades de los dos mil cuatrocientos miembros. John no dominaba el idioma coreano y, por tanto, sólo podía aconsejar a muy pocos miembros y orar con ellos. En cambio, por ser mujer, los hombres no iban donde la señora Choi en busca de consejo.

Además, Corea era aún un país muy pobre y a nuestros miembros se les hacía difícil sufragar los gastos de nuestra creciente congregación. Un sexto sentido me decía que de alguna manera tenía que movilizar más personas y atraer más laicos al ministero de la iglesia. Sin embargo, no sabía cómo, ni tampoco si estaba justificado que pidiera tal cosa.

Debido a mi debilidad excesiva, era obvio que no podía hacer mucho. Permanecía en la cama la mayor parte del tiempo, entre momentos de depresión y de optimismo, y me consideraba un trasto inservible. Por temor a desmayarme en la calle, no podía salir de mi apartamento sin que alguien me acompañara.

Había caído en la rutina de dormitar y orar, dormitar y orar, y luchaba contra la sensación de una muerte inminente. También meditaba sobre el propósito que tenía Dios al permitir esa situación. Eso me llevó a una serie de estudios intensivos de la Biblia, que me sirvieron de preparación para el momento en que Dios haría uso de mí.

Sin embargo, antes de poder darme una revelación plena, me guió para que hiciera dos estudios bíblicos preliminares. El primero trataba de la sanidad divina. Yo había predicado con mucha convicción sobre el tema de la sanidad divina y había podido ver cómo muchas personas habían sido sanadas. Sin embargo, era obvio que no tenía fe suficiente para lograr mi propia sanidad, por lo que me di cuenta de que no tenía un conocimiento bíblico profundo del tema.

El segundo tópico era la necesidad de establecer una relación íntima con el Espíritu Santo.

Al estudiar esos dos temas tuve la inspiración de escribir dos libros. El primero llevó por título *Jesus Christ, the Divine Healer* (Jesucristo, el médico divino) y el segundo, *The Holy Spirit* (El Espíritu Santo). Por medio de esos estudios pude crecer en mi propia fe y comprensión. Encontré muy revelador el estudio sobre el Espíritu Santo.

Por ejemplo, a medida que estudiaba la Biblia, pude darme cuenta de que se nos dice que debemos estar en "comunión" con el Espíritu Santo (2 Corintios 13:14). Pude comprender que la comunión es algo mucho más profundo que una simple relación. Es una relación íntima acompañada de una comprensión profunda. Es el acto de compartir nuestros pensamientos y emociones con el otro. En medio de mi necesidad, Dios me habló de lo imprescindible que era estar en comunión con el Espíritu Santo. . . Tener una relación íntima con El y compartir mis emociones y pensamientos más profundos con El.

Piensa en un matrimonio —me dijo el Señor—. *Cuando un hombre se casa con una mujer, no se limita a traerla a su casa y a dejarla allí. No la trata como si ella fuera una cosa más en su hogar. No; la ama y comparte su vida con ella. . . de manera íntima. Esta es la relación que debes tener con el Espíritu Santo.*

Durante todo un año, de 1964 a 1965, continué enfermo de cuidado, y la mayor parte del tiempo permanecía en cama. Sin embargo, durante ese tiempo mi relación con el Espíritu Santo se hizo más profunda y cada día se asemejaba más y más a la verdadera comunión. Terminé ambos libros y se vendieron con gran éxito primero en Corea, y más tarde en el Japón.

No obstante, sólo fueron estudios preliminares a la verdadera revelación que Dios me tenía reservada. Esa revelación había de tener un efecto sumamente profundo en mi ministerio. Dicho en pocas palabras, el Señor deseaba mostrarme que debía delegar responsabilidades en la iglesia.

Mientras me encontraba acostado en mi cama, y me preguntaba si podría volver a tomar alguna vez la dirección de la congregación en la Iglesia Central del Evangelio Completo (ya ni pensaba en una más numerosa), le pregunté al Espíritu Santo: — Señor, ¿qué puedo hacer?

De improviso, sentí que el Espíritu le hablaba a mi corazón: — *Deja ir a mi pueblo para que crezca.* — Me quedé atónito y perplejo. ¿Qué significaban esas palabras?

El continuó: — *Permite que mi pueblo se aleje del reino de Yonggi Cho: déjalo crecer.*

—¿Qué quieres decir con eso de "Permítele que se aleje"? — le pregunté.

— *Ayúdales a valerse por sí mismos. Ayúdales a ejercer el ministerio.*

Eso hizo que estudiara las Escrituras con mayor ahínco. Llegué a la epístola de Pablo a la iglesia de Efeso. Esa epístola me infundió valor. En Efesios 4:11 se dice que Dios "constituyó a unos, apóstoles; a otros, profetas; a otros, evangelistas; a otros, pastores y maestros."

Entonces me di cuenta. Los servidores de Dios (apóstoles, profetas, evangelistas, pastores y maestros) son dados a la Iglesia para preparar a los laicos a fin de que éstos estén debidamente equipados y puedan llevar adelante su ministerio, tanto dentro como fuera de la Iglesia.

Luego leí en Hechos 2:46, 47 que en la Iglesia de los primeros días había dos clases de reuniones. Los discípulos no sólo se reunían con regularidad en el Templo, sino que también se reunían todos los días en sus casas para partir el pan y tener comunión.

Yo sabía que en los primeros días de la Iglesia había en Jerusalén, unos cien mil cristianos, en una población de doscientos mil habitantes. ¿Quién podía haberse ocupado de todas esas personas si los apóstoles sólo eran doce? ¿Cómo podían haberse ocupado de ejercer el ministerio de casa en casa? Era necesario que existieran dirigentes de grupos más pequeños. . . de comunidades familiares. Junto con los siete diáconos (Hechos 6), los dirigentes laicos habrían compartido la responsabilidad de ocuparse del ministerio por las casas.

Hasta entonces mi concepto de una iglesia había sido siempre un edificio público; jamás se me había ocurrido la posibilidad de convertir una casa en iglesia. Sin embargo, la Biblia mencionaba de manera clara y específica que la Iglesia se reunía en las casas.

Pensé que sólo me había dedicado a mi ministerio del templo, y que no contábamos con un ministerio de casa en casa. Sólo me había limitado a decirle a la congregación que viniera a la iglesia los domingos y los miércoles. Algo faltaba.

Seguí estudiando y llegué al capítulo seis de Hechos, donde los apóstoles escogen siete diáconos para que se ocupen de las necesidades físicas de la congregación creciente, mientras que los apóstoles se limitan a orar y a predicar la Palabra. Sin embargo, después de que Esteban, uno de los diáconos, fue apedreado hasta morir, la Iglesia se desbandó. Entonces, hasta los diáconos se convirtieron en predicadores, como lo demuestra en Hechos 8 la campaña de evangelización de Felipe en Samaria. Los apóstoles habían delegado no sólo la autoridad de ministrar por las necesidades físicas, sino también la autoridad de predicar.

A medida que estudiaba los Hechos, comprendí que además de las tres mil personas que se habían unido a la Iglesia en Pentecostés, otras cinco mil habían llegado al día siguiente, y sólo se contaba con doce apóstoles y siete diáconos. Por tanto, como único podía atenderse a los creyentes en las reuniones de las casas, era que cada una de esas comunidades, o grupos familiares, tuviera un dirigente. De esa manera, la Iglesia estaría entonces bien organizada para ministrar a las necesidades de una congregación creciente.

— ¡Eso es! — me dije para mis adentros. Tenía sentido. ¿De qué otra manera hubiera podido la Iglesia de los primeros días absorber tres mil conversos aquel primer día de Pentecostés, cuando el Espíritu Santo descendió sobre los creyentes en el Aposento Alto? Las necesidades de esas personas eran atendidas en las casas, no en el templo.

A medida que continuaba leyendo, pude observar que se mencionaba que otras iglesias se reunían en las casas. Por ejemplo, la iglesia de la casa de Lidia (Hechos 16:40); la iglesia de la casa de Priscila y Aquila (Romanos 16:3-5) y la iglesia de la casa de Filemón (Filemón 2). Era obvio que las Escrituras apoyaban ampliamente las reuniones en las casas.

Luego empecé a estudiar el capítulo 18 del Exodo y la lucha de Moisés al tratar de juzgar a los israelitas en el desierto. Permanecía sentado ante ellos desde la mañana hasta la noche escuchando sus disputas y juzgando sus casos. Jetro, su suegro, comprendió que aquello era demasiado para él, y que necesitaba delegar autoridad a fin de no agotarse al tratar de ministrar a las necesidades de todos los que estaban bajo su cargo.

"Escoge tú de entre todo el pueblo, varones de virtud temerosos de Dios — le aconsejó Jetro — varones de verdad que aborrezcan la avaricia; y ponlos sobre el pueblo por jefes de millares, de centenas, de cincuenta y de diez. Ellos juzgarán al pueblo en todo tiempo, y todo asunto grave lo traerán a ti, y ellos juzgarán todo asunto pequeño. Así aliviarás la carga de sobre ti, y la llevarán ellos contigo" (Exodo 18:21, 22).

Poco a poco fui comprendiendo que la delegación de autoridad es en realidad parte de la voluntad de Dios.

La idea fue cristalizando en mi mente más y más: Supongamos que les permito a mis diáconos que abran sus casas como iglesias-hogares. Supongamos que ellos enseñan, oran para que miembros de la congregación sean sanados y los ayudan, y supongamos que los miembros se ayudan unos a otros de la misma manera que lo hacían en aquellos grupos familiares del siglo primero. La iglesia podría florecer en las casas, y hasta podrían los miembros evangelizar, si invitan a sus amigos y vecinos a esas reuniones. Más tarde podrían traerlos a la iglesia el domingo para el servicio. Eso me eximiría del trabajo de visitar y aconsejar, así como de realizar cualquier otra labor que requiriera mucho tiempo. De esa manera, quedaría en libertad para ejercer mis funciones de pastor: enseñar, predicar y preparar a los dirigentes laicos para el ministerio.

En el intervalo de tres semanas esbocé un nuevo plan para nuestra iglesia. No obstante, comprendía que necesitaba la aprobación de la junta de diáconos. Para eso, era imprescindible que hiciera una buena presentación del plan, pues a los diáconos ya les preocupaba mi labor como dirigente.

Poco tiempo después pude levantarme de la cama, a pesar de que aún me sentía muy débil y de tener que hacer un gran esfuerzo para permanecer de pie. Fui al médico, y éste me dijo:

— Usted tiene un corazón muy débil, al igual que todo su sistema. Sufre de agotamiento nervioso y mi consejo es que abandone el ministerio. Es demasiado para usted.

— ¿No hay ninguna medicina que pueda tomar? — le pregunté.

— No — dijo —. En realidad, desde el punto

de vista físico, usted no tiene padecimiento alguno; sólo ha trabajo en exceso. Las palpitaciones del corazón y su debilidad son una reacción natural a su excesivo trabajo. Su enfermedad es, en realidad, psicosomática. No puedo darle medicina alguna. No serviría de nada. Tendrá que buscar otra profesión que no exija tanto de su persona desde el punto de vista emocional.

Su consejo me pareció una sentencia de muerte para mi ministerio; sin embargo, yo no estaba dispuesto a claudicar. Dios había prometido edificar una iglesia usándome a mí, y también había prometido sanarme a pesar de que el proceso de la sanidad tomaría diez años. Preferí creer a Dios y no al doctor.

3 / CÓMO LOGRAR QUE SU IGLESIA ACEPTE EL PLAN

Sólo tenía veintiocho años, pero mi cuerpo era una calamidad. El médico me había aconsejado que dejara de predicar y que me dedicara a otra cosa. Sin embargo, a pesar de mi estado físico, sentía un gran alborozo. Dios me había comunicado su Palabra durante los días que estuve de cama. Me había revelado todo su plan para reestructurar nuestra iglesia, de manera que no tuviera que llevar toda la carga. Estaba ansioso de ponerlo en práctica, pues tenía el convencimiento de que sería un éxito.

No obstante, no era cosa de ir a la iglesia y ordenarles sin más a los miembros que pusieran el plan en práctica. Nuestra iglesia contaba con dos mil cuatrocientos miembros, y tenía además una junta de diáconos que tendría que aprobar cualesquiera cambios en la estructura o ministerio de la iglesia.

— Señor, este plan es tuyo — oré —. ¿Cómo podrán rechazarlo, si es tu voluntad?

Estaba seguro de que no habría oposición.

Un mes después de haberme levantado de la

cama, convoqué a la junta de diáconos y les dije: — Como ustedes bien saben, me encuentro muy enfermo, y me es imposible ocuparme de todo el trabajo de la iglesia, en especial del asesoramiento y las visitas a las casas. Además, no puedo orar por los enfermos ni tampoco orar con las personas para que sean llenas del Espíritu Santo.

Les comuniqué las cosas que Dios me había revelado en las Escrituras, y les informé que de allí en adelante les permitiría ejercer el ministerio. Les dije que tenían que valerse por sí mismos, y luego les presenté el plan según me lo había revelado Dios. Les mostré a los diáconos cómo funcionarían las sesiones de los grupos familiares, y les hice partícipes de la confirmación que había encontrado en las Escrituras para este nuevo sistema.

— Sí, su argumento bíblico es bueno — dijo uno de los diáconos —. Parecería que el plan viene del Señor. Sin embargo, nosotros no tenemos la formación que usted tiene, para hacer las cosas que usted hace. Por eso le pagamos para que sea nuestro pastor.

— Yo soy un hombre muy ocupado — dijo otro diácono —. Cuando termino mi trabajo y regreso a casa estoy cansado, y necesito la quietud de mi hogar. No podría dirigir una reunión en la casa.

No hubo muchos comentarios más. La mayoría estuvo de acuerdo, en principio, que desde el punto de vista de las Escrituras la idea era buena, pero no comprendían como funcionaría en la Iglesia Central del Evangelio Completo. Al parecer, no había manera de convencerlos para que actuaran. Nadie se alteró; sin embargo, estaban convencidos de que el plan no podría realizarse, y eso era todo.

Después de la reunión, me asaltaron de nuevo toda clase de dudas acerca de mi ministerio. Estaba seguro de conocer el sentir de los diáconos, aun cuando no lo habían exteriorizado durante la reunión. Consideraban que me pagaban a mí por hacer un trabajo que ahora yo pretendía que ellos hicieran gratis. Temí que se resintieran conmigo por tratar de manipularlos para que hicieran mi trabajo, aduciendo mi enfermedad como excusa.

Pensé que al parecer, los diáconos no tenían compasión. Nadie había dicho nada en cuanto a desear otro pastor, pero empezaron a llegar a mis oídos rumores indirectos procedentes de miembros de la congregación: si yo presentaba mi renuncia, los diáconos la aceptarían.

Aún me encontraba muy débil y propenso a mareos. La reacción de los diáconos me produjo una recaída. ¿Qué iba a hacer? Fui en busca de la señora Choi, la única persona en quien siempre creí que podía confiar, y le relaté toda la historia.

—En este asunto debemos buscar al Señor —dijo con sencillez—. Oremos juntos.

Después de orar y estudiar las Escrituras, la señora Choi y yo estábamos estudiando juntos las distintas alternativas posibles para hacer realidad el plan de los grupos familiares, y nos vino la idea de que podíamos servirnos de las mujeres de la iglesia.

A medida que continuábamos orando, y mientras yo vertía mi corazón ante el Señor, la señora Choi dijo: — Creo que Dios nos ha mostrado este camino, porque es su camino. Creo que debemos reunir a las diaconisas y presentarles el plan.

Sacudí la cabeza. ¿Cómo era posible? ¿Quién lo aceptaría? Estábamos en Seúl, Corea; no en los Estados Unidos. En Corea no había movimiento feminista, pues nuestra cultura es oriental y en ella la mujer ocupa un lugar subordinado en todos los aspectos de la sociedad. Durante miles de años la mujer coreana ha estado sujeta a su marido. Las mujeres nunca han ocupado puestos importantes, ni en la sociedad ni en la iglesia. Hasta a mí me resultaba difícil delegar autoridad en las mujeres. ¿Cómo era posible que pudieran dirigir las reuniones de la comunidad? Los hombres se sublevarían. Además, ¿no decían las propias Escrituras que las mujeres debían guardar silencio en la iglesia? Así lo escribió Pablo en su epístola a Timoteo (1 Timoteo 2:11).

Como oriental, yo comprendía de manera muy clara las instrucciones de Pablo a Timoteo. Al escribir, Pablo lo había hecho desde el punto de vista oriental. Cuando leí su consejo respecto de que las mujeres deben permanecer silenciosas, lo relacioné con nuestra propia sociedad coreana. En muchas iglesias de Corea se separaban los hombres de las mujeres durante los servicios. Al entrar en la iglesia, los hombres se sentaban a la derecha y las mujeres a la izquierda, y una enorme cortina colgada en la nave central les impedía verse.

No obstante, cuando el servicio tocaba a su fin, algunas de las mujeres más intrépidas empezaban a cuchichear con sus esposos a través de la cortina: — ¿Estás ahí? ¿Estás listo para salir? Encuéntrame fuera después del servicio. — En ocasiones las mujeres causaban tal alboroto, que el predicador tenía que decir —: Señoras, por favor, guarden silencio hasta que estén fuera de la iglesia.

Y cuando Pablo hablaba de que Sara llamaba "señor" a Abraham, yo también sabía lo que eso significaba. Aún hoy, en la sociedad oriental, una mujer trata a su esposo de "señor". De no hacerlo, lo estaría insultando. Si usted le pregunta a una mujer coreana por la salud de su esposo, le contestará: — Mi señor se encuentra bien, gracias.

Por tanto, al considerar la posibilidad de hacer uso de las mujeres, todas esas cosas pasaban por mi mente, y oraba: — Dios mío, en verdad que con ideas como esta, destruirás nuestra iglesia. Si se me ocurriera movilizar a las mujeres y las alentara a llevar adelante los asuntos de la iglesia, la comunidad entera se volvería contra mí. Es más, toda la sociedad coreana se volvería contra mí, y me encontraría completamente aislado.

Fue entonces cuando el Señor me contestó de manera inequívoca: — Sí, esa es tu idea. *La mía es usar las mujeres.*

— Señor, si en verdad deseas que use a las mujeres, tendrás que probármelo por medio de las Escrituras — le dije.

Luego me fui a casa. Estaba tan débil, que tuve que descansar.

Durante los días siguientes no cesaba de consultar las Escrituras y de pedirle a Dios que me revelara los versículos que confirmarían el uso de las mujeres en el ministerio. Poco a poco un nuevo cuadro empezó a surgir. Empezaba a comprender que, a pesar de todo, Pablo no era un chauvinista. A menudo empleaba a las mujeres en su ministerio, aunque siempre bajo su autoridad. En Romanos 16:1 se llama "diaconisa" a Febe, una dama de la iglesia en Cencrea; eso significa que ella ocupaba un puesto de responsabilidad en la iglesia, bajo la autoridad de Pablo. Al recomendarla a la iglesia de Roma, era obvio que la recomendaba no sólo como servidora sino también como predicadora. Pablo le había concedido autoridad para predicar, y para mí, aquello significaba que estaba en libertad para ministrar.

Luego, en Romanos 16:3, Pablo menciona a Priscila y Aquila y habla de la "iglesia de su casa" (versículo 5). ¿Quién sería el que predicaba en aquella casa? De nuevo recurrí a mis antecedentes orientales, puesto que en la cultura oriental el dirigente siempre es mencionado primero. El orden en que Priscila y Aquila son mencionados, nada tiene que ver con la cortesía de "damas primero". Cuando un occidental visita el hogar de un oriental, se considera una vergüenza para la familia si éste saluda a la esposa antes de saludar al esposo. Es más, al entrar en una casa coreana, se acostumbra — aun si el esposo no está en casa — que lo primero que el visitante le pregunte a la esposa sea: — "¿Cómo está su esposo?" — Luego podrá preguntar a la esposa —: "¿Cómo está usted?" — El marido siempre es el primero; es el jefe del hogar.

Además, en Corea no decimos: "Damas y caballeros." Eso crearía dificultades al instante. En cambio, decimos: "Caballeros y damas." En Corea, el hombre no se hace a un lado para abrirle la puerta a una mujer; la mujer espera y entra detrás del hombre. Esa es la costumbre oriental.

Así que, cuando Pablo habla de "Priscila y Aquila", el orden en que los menciona debe tomarse desde el punto de vista de la cultura oriental en la cual vivía. Priscila era la esposa de Aquila, pero cuando el Espíritu Santo inspiró a Pablo para que mencionara a Priscila primero, eso significa que Priscila era la dirigente de la iglesia. En la casa, Priscila era la "pastora", por decirlo así, y Aquila el ayudante. Si ella podía ejercer las funciones de pastor, era porque Pablo le había dado la autoridad a ella, y no a Aquila.

El versículo 6 dice: "Saludad a María, la cual ha trabajado mucho entre nosotros." María es mencionada entre los que trabajan para Dios, y eso no significa que trabajaba en la cocina, o que les cambiaba los pañales a los pequeños. Las mujeres a las que Pablo se refiere, trabajaban a su lado predicando el Evangelio. Entre ellas están Trifena y Trifosa, dos mujeres que se mencionan en el versículo 12, llamadas "trabajadoras en el Señor", no trabajadoras en la cocina. En el mismo versículo, Pablo menciona a Pérsida, la cual "ha trabajado mucho en el Señor".

¿Cómo trabajan las personas en el Señor? Lo hacen cuando dan testimonio, cuando oran con las personas, cuando predican y prestan ayuda espiritual.

Eso me demostró de manera muy clara que en el Nuevo Testamento, Dios se servía de las mujeres, pero siempre bajo la autoridad de un hombre. Por ejemplo, Pablo dice que cuando una mujer profetiza (1 Corintios 11:5), debe cubrirse la cabeza pues, de no hacerlo afrenta a su cabeza. Eso significa que las mujeres podían profetizar, y la profecía es una manera de predicar. No obstante, al profetizar tenían que demostrar que estaban bajo la autoridad de un hombre.

Entonces el Señor empezó a hablarme.

— *Yonggi Cho, ¿de quién nací yo?*

— De una mujer — le respondí.

— *Y, ¿en qué regazo me crié?*

— En el de una mujer, Señor.

— *Y, ¿quién me siguió durante mi ministerio y se ocupó de mis menesteres?*

— Unas mujeres — dije.

— *¿Quiénes permanecieron conmigo hasta los últimos momentos de mi crucifixión?*

— Unas mujeres.

— ¿Quiénes vinieron a ungir mi cuerpo en la tumba?

— Unas mujeres.

— ¿Quiénes fueron los primeros testigos de mi resurrección?

— Unas mujeres.

— Y, ¿a quién le di el primer mensaje después de mi resurrección?

— A María Magdalena, una mujer.

— A todas mis preguntas has contestado hablándome de las mujeres. Entonces, ¿por qué les temes a las mujeres? Durante mi ministerio en la tierra estuve rodeado de mujeres amorosas y maravillosas. Entonces, ¿por qué, de la misma manera, la Iglesia, que es mi Cuerpo, no ha de estar rodeada y apoyada por mujeres?

¿Qué otra cosa podía hacer? El Señor me había revelado de manera muy clara que El deseaba que les diéramos trabajo a las mujeres en la iglesia. A la semana siguiente, convoqué una reunión de la Asociación Misionera de Mujeres, y alrededor de unas veinte mujeres, todas diaconisas, vinieron a oír mis palabras. Les expliqué la situación, y les informé con toda sinceridad acerca de mis problemas de salud; además les expliqué la revelación y la confirmación bíblica que Jashil Choi y yo habíamos recibido.

En la reunión anterior con los diáconos, los hombres se habían expresado con mucha sensatez y lógica, pero en esta reunión las mujeres demostraron su compasión. Todas se preocupaban por mi salud, y unánimemente convinieron en ponerse bajo mi mando. La señora Choi aceptó la responsabilidad de organizar el trabajo, puesto que yo estaba demasiado enfermo para hacerlo. Bajo su dirección, se dividió la ciudad de Seúl en veinte distritos, de acuerdo con el número de mujeres que habían aceptado dirigir los grupos familiares.

Hubo algo que les exigí a las mujeres. Les pedí a la señora Choi y a todas las dirigentes que usaran gorras para simbolizar que estaban bajo mi autoridad, de la misma manera que Pablo había ordenado que al profetizar, la mujer debe cubrirse la cabeza. Eso les indicaría a todos los miembros de la iglesia que las mujeres no hablaban por voluntad propia, sino por la mía.

Esa noche regresé a mi apartamento tan enfermo como siempre, pero invadido por la sensación maravillosa de que Dios estaba realizando algo en nuestra iglesia. Empezaba a creer que todas mis preocupaciones habían terminado.

Era cierto que Dios *estaba realizando* algo en nuestra iglesia, pero mis dificultades no habían terminado aún. No estaba preparado para el contraataque de Satanás.

4 / El contraataque de Satanás: los siete obstáculos

Al domingo siguiente de mi reunión con las señoras, le comuniqué el plan a la congregación. Una vez más les relaté cómo, por medio de las Escrituras, el Señor me había mostrado la necesidad de establecer grupos familiares en las casas. Les expliqué todos los versículos de la Biblia que confirmaban que era correcto delegar autoridad en las mujeres para dirigir esos grupos.

— Este plan para la iglesia no es mío; es de Dios — insistí —. Por tanto, es imprescindible que todos ustedes participen en él. La iglesia se ha dividido en veinte distritos, y cada uno de ustedes debe concurrir a la reunión familiar de uno de esos distritos esta semana.

Distribuimos volantes a toda la congregación. En ellos se les informaba dónde se celebrarían las reuniones de los grupos familiares.

Quizá fue ingenuidad de mi parte, pero creí en verdad que todos cooperarían e irían a la primera reunión. Estaba equivocado. Surgió una gran oposición. Muchos aducían que no tenían tiempo para asistir a una "reunión extraordinaria". Los hombres protestaron en cuanto a recibir instrucción de una mujer, pero eso ya yo lo había previsto. Lo que no había previsto era lo poco dispuestas que estaban las mujeres. Después de todo, decían, ¿no se nos ha inculcado siempre que son los hombres los que tienen la autoridad?

Esperaban que fueran hombres los que les dieran la enseñanza.

La primera semana parecía reinar un verdadero pandemónium en nuestra iglesia; tan violenta era la protesta. De nuestros dos mil cuatrocientos miembros sólo entre cuatrocientos y seiscientos asistieron a las veinte reuniones familiares en los distintios vecindarios. Nadie parecía saber con exactitud qué esperar o cómo actuar, y las mujeres dirigentes tuvieron que preparar sus propias lecciones para los grupos. (Yo no les había dado pauta alguna, por la sencilla razón de que no la tenía. Sólo había hecho dos sugerencias: Ayuden a los cristianos para que no se extravíen, y salgan a ganar a sus vecinos para Cristo.)

Por supuesto, fueron los hombres los que protestaron con mayor vehemencia. No permitían que una mujer les impusiera las manos para orar por su sanidad o para que recibieran el bautismo en el Espíritu Santo. Una de las mujeres casi fue golpeada por su esposo a causa de eso. También se quejaban de que no había orden en las reuniones.

Al domingo siguiente, repetí nuevamente que

las mujeres estaban *bajo mi autoridad*, y que en las reuniones hablaban *a nombre mío*. Eso pareció calmar a muchos de los miembros, y de ahí en adelante, aquellos que estaban realmente comprometidos en su fe cristiana, aceptaron el programa. Por supuesto que aún había muchos miembros quisquillosos que se negaban a participar en los grupos familiares. Estos trataron de sabotear el plan, instando a otros a que no asistieran a las reuniones. Estoy seguro de que muchos creían que yo trataba de ejercer demasiada autoridad en la iglesia.

La segunda semana aumentó la asistencia. A pesar de que aún no había establecido pautas y de que mi dirección era casi nula, los miembros se fueron dando cuenta de que las reuniones tenían cierto sentido. Sin embargo, puesto que carecían de orientación, a las mujeres dirigentes se les hacía difícil desenvolverse por sí solas. No estaba preparado para algunas de las cosas que hicieron.

En primer lugar, yo no les había dado a las mujeres entrenamiento alguno respecto a cómo enseñar, ni tampoco les había impartido los conocimientos básicos de la doctrina cristiana. Una de las dirigentes no comprendía la doctrina de la Trinidad, y enseñaba en su grupo que los cristianos adoraban tres dioses: el Padre, el Hijo y el Espíritu Santo. Ella creía que Jesús y el Espíritu Santo eran dioses subordinados al Padre. Otra enseñaba que una persona no se salva hasta tanto hable en lenguas. Y una tercera decía que la manera de bautizarse no tiene importancia. (Nuestra denominación ordena que el bautismo se haga por inmersión en el agua.)

Por tanto, las mujeres hacían lo que les parecía. Como consecuencia, reinaba el caos en la iglesia.

— Sí, como me lo esperaba — pensé. Estaba convencido de que nuestra iglesia estaba a punto de desaparecer, tal como se lo había dicho al Señor.

No obstante, oí que el Espíritu Santo me decía con dulzura: — *Sí, reina el caos, pero recuerda que la tierra fue creada del caos, y todas las cosas buenas proceden del caos. Sigue adelante y no desfallezcas.*

Por otra parte, pude observar que algunas de las mujeres hacían muy buena labor. Recorrían sus vecindarios en busca de personas que tuvieran algún problema, y lograban traerlas a los grupos familiares y al Señor. Organizaban buenas reuniones para los grupos familiares y el servicio era satisfactorio. Llamé a mi despacho a las dirigentes que presidían sus reuniones con éxito, y les pregunté cuál era su secreto. Comprendí que las que tenían éxito habían recibido algún entrenamiento.

— Pastor, usted no puede hacer que todas esas mujeres dirijan sin haberles dado algún entrenamiento — me dijo una de ellas —. Tiene que entrenarlas. Así como ha delegado su autoridad en nosotras, debe también delegarnos sus sermones. Usted no debe permitir que ninguna de nosotras predique su propio sermón.

Me di cuenta de que tenía razón y, a partir de ese mismo día, procedí a escribir mis propias notas sobre los sermones y a distribuirlas entre las dirigentes de grupo. Comencé a convocar una reunión semanal de las dirigentes para todos los miércoles. En la reunión distribuía y explicaba las notas, y les indicaba lo que yo deseaba que enseñaran. Hasta preparé un orden del culto para las reuniones de grupo. Se abría la reunión con plegarias y cantos, seguidos por una oración representativa (o colectiva), y haciendo uso del bosquejo de mi sermón, se predicaba la Palabra de Dios para infundir ánimo; luego venían las ofrendas. Se clausuraba la reunión con testimonios, oraciones de sanidad, el bautismo en el Espíritu Santo y una oración de clausura.

No pasó un mes después de haberse establecido los grupos familiares en la Iglesia Central del Evangelio Completo, sin que hubiera orden en las reuniones. Creí que con eso se habían resuelto todos los problemas; sin embargo, no fue así. Uno por uno, fueron surgiendo otros seis problemas importantes. Era obvio que Satanás no deseaba que tuviéramos éxito sin librar una batalla. De ahí que empezara a sembrar obstáculos para impedir que tuviéramos una comunión auténtica.

La segunda fase de los problemas surgió a consecuencia de la falta de disciplina. Los grupos familiares crecían, y las dirigentes seguían mis programas. Es decir, enseñaban la Palabra, oraban por las necesidades de las personas y ofrecían una fraternidad verdadera. Sin embargo, no sabían cuándo tenían que hacer alto. Muy pronto, las reuniones adquirieron el carácter de festividades. Los miembros se alternaban para servir de anfitriones, y las reuniones se celebraban hoy en una casa y a la semana próxima en otra. En una casa se servían arroz y *kimchi* (vegetales encurtidos, calientes y muy sazonados); a la semana siguiente, el nuevo anfitrión añadía pescado al menú; y la tercera semana se servía biftec. Vino entonces una competencia entre unos y otros para demostrar lo buenos anfitriones que eran. Pronto algunas de las personas empezaron a sentirse deprimidas, y a titubear antes de tener un grupo familiar en su casa, por no estar en condiciones económicas para ofrecer un banquete más suculento que el de los anfitriones anteriores.

Además, esas "reuniones festivas" se alargaban de tal manera que las esposas se despreocupaban de los quehaceres de sus hogares, y al día siguiente los esposos llegaban tarde a su trabajo. Con los festejos, se perdían el ministerio y el mensaje. Por fin tuve que establecer otra regla. Los dirigentes debían seguir el orden del servicio establecido por mí, y la reunión no podía durar más de una hora. Las reuniones debían empezar y terminar a tiempo. Además, sólo se permitiría que se sirvieran té y galletitas.

Las cosas mejoraron, pero aún las reuniones se alargaban demasiado. El té y las galletitas se servían al empezar la reunión, y las dirigentes nunca lograban empezar y terminar la reunión a tiempo. Por fin, después de transcurridos unos seis meses, les pedí que pospusieran el agasajo hasta que hubiera terminado la reunión, lo que pareció restablecer el orden.

No obstante, surgían otros problemas. En su mayoría no eran de gran importancia, como los problemas iniciales de la enseñanza y la falta de disciplina, ni tampoco afectaban a todos los grupos. Sin embargo, eran lo suficientemente serios para obligarme a tomar medidas para resolverlos.

El tercer aspecto de los problemas tenía que ver con los conferenciantes que nos visitaban. De vez en cuando, las dirigentes de los grupos familiares aprovechaban la oportunidad de que algún evangelista o alguna otra persona visitaban la ciudad. Entonces los invitaban a hablar en las reuniones de los grupos. Muchos de los conferenciantes tenían su propio ministerio de evangelización, y esperaban recibir un donativo cuando hablaban en algún lugar. Por tanto, los grupos hacían una colecta para cada uno de ellos sin consultarme a mí o a la junta de diáconos. Además, yo no sabía a quién invitaban, puesto que nunca me consultaban, y me di cuenta de que no estaba de acuerdo con algunas de las enseñanzas de estos predicadores.

Lo único que podía hacer era decirles a las dirigentes de los grupos familiares que antes de invitar a un orador lo consultaran conmigo y que no debían hacer colecta alguna que no fuera para la obra de nuestra iglesia. Sólo las dirigentes eran las llamadas a enseñar, y sus lecciones debían fundamentarse en los esquemas distribuidos por mí todas las semanas.

A pesar de que el problema de los conferenciantes traídos de fuera pudo controlarse en esa oportunidad, surge aún alguna que otra vez. No obstante, debido al sistema de verificación que he implantado en la iglesia, esos problemas ya no pasan inadvertidos.

Luego surgió el cuarto tipo de problema. Una vez más, tenían que ver con la cuestión monetaria. En algunas de las reuniones, los miembros empezaron a pedirse dinero prestado, y hubo casos en que se cobró interés. No sólo eso, sino que algunos de los miembros comenzaron a fomentar las oportunidades de inversión. Así que teníamos miembros que invertían dinero en los negocios de otros miembros, y que perdían toda su inversión debido a que eran malos negociantes. Esa fue otra de las cosas que tuve que eliminar, y así lo hice.

El número cada día mayor de los que asistían a los grupos familiares, motivó la quinta crisis en el desarrollo de éstos. A medida que los grupos crecían, algunos de ellos llegaron a tener entre treinta y cincuenta familias. Durante las reuniones, las personas no sólo atestaban la sala y los dormitorios, sino que se desplazaban hasta el patio. Era imposible que una sola dirigente pudiera atender a todas aquellas personas.

Era obvio que había que hacer algo para dividir los grupos en otros grupos más pequeños. Por tanto, ideé un plan para formar subdirigentes en cada comunidad, y procedimos luego a dividir los grupos, de manera que en cada uno no hubiera más de quince familias.

En un principio, las familias se oponían a la división. Muchas de ellas se habían llegado a identificar profundamente con la dirigente. No obstante, les dije que era necesario que no olvidaran el propósito principal de los grupos, es decir, evangelizar los vecindarios proporcionando un lugar donde pudieran reunirse los amigos y los vecinos para conocer a Cristo Jesús.

Al final tuve que establecer una regla: cuando un grupo contaba con más de quince familias, tenía que dividirse. No fue fácil, pero poco a poco los miembros empezaron a cooperar, a pesar de que algunos de ellos concurrían tanto al grupo subdividido como a su antiguo grupo, pues sentían cierta lealtad hacia la dirigente. Transcurrió algún tiempo antes de que cooperaran del todo.

La sexta fase de los problemas fue muy enojosa. En cada una de las reuniones se hacía una colecta y en ocasiones las líderes sentían la tentación de tomar ciertas cantidades en préstamo, ya que no estaban obligadas a entregar el dinero a la iglesia hasta el próximo domingo. Sin embargo, el tesorero de la iglesia no siempre recibía todo el dinero que se había tomado "prestado".

Cuando me enteré de la situación, me di cuenta de que había llegado el momento de organizar los grupos de manera más formal. Por tanto, nombré un secretario y un tesorero en cada uno de los grupos. Al hacerse la colecta todas las semanas, el secretario estaba encargado de contar el dinero y llevar una relación escrita. El tesorero lo conservaba en su poder hasta entregarlo al tesorero de la iglesia el domingo. De esa manera siempre había una persona encargada de velar por que se mantuviera la más estricta honradez.

Ya entonces había llegado a la conclusión de que era necesario mantener una organización y un sistema de verificación muy estrictos, para poder mantenerme al corriente de lo que sucedía en los grupos. Preparé una hoja de datos que cada dirigente debía llenar después de la reunión semanal. En esa hoja, las dirigentes tenían que hacer constar el nombre del orador, el número de concurrentes, el número de los que aceptaban a Cristo, el número de los que volvían al mundo, y el montante de las ofrendas. Por ese medio empecé a ver de manera más clara la dirección que llevaban las comunidades que funcionaban en los hogares.

En realidad, la organización se convirtió en una necesidad. Los grupos crecían tan aprisa, que la señora Choi no podía atender todo el trabajo administrativo. Debido a que todavía me encontraba muy enfermo, ella hacía la mayor parte del trabajo. El número de los grupos no tardó en llegar a ciento cincuenta, y convinimos en que había llegado el momento de contratar algunos pastores auxiliares. Contratamos tres, y asignamos cincuenta grupos a cada ministro con licencia.

Quizá resulte sorprendente que a pesar de mis problemas de salud y de los problemas de nuestra iglesia, tuviera tiempo de pensar en una esposa. Sin embargo, así fue. La señora Choi tenía una hija encantadora llamada Sung Hae Kim, graduada de la Universidad de Mujeres Ewha, la universidad cristiana de mujeres más grande del mundo. Además, Sung Hae Kim tenía gran talento para la música, y a menudo tocaba en la iglesia. Me sentí muy atraído hacia ella, y me alegré de saber, con el tiempo, que la atracción era mutua. Nos casamos el primero de marzo de 1965.

No obstante, debo confesar que a pesar de que nuestro matrimonio ha sido muy feliz, nuestro día de bodas no fue un día muy venturoso para mí. Estaba aún tan enfermo, que temía desmayarme durante la ceremonia. Tuve que pedirle al Señor que me diera todas sus fuerzas, porque me sentía muy nervioso.

Más de tres mil personas asistieron a la ceremonia religiosa, oficiada en nuestra iglesia por un misionero. El ministro se sintió muy emocionado al ver tanta gente reunida, lo que hizo que se extendiera demasiado en su sermón. Predicó durante una hora mientras mi novia y yo permanecíamos de pie. ¡Ah! ¡Qué esfuerzo hice por no desmayarme! Eso es todo lo que recuerdo: que permanecí de pie allí y traté de mantenerme erguido. No recuerdo ni siquiera haber hecho los votos matrimoniales.

Durante nuestra luna de miel, mi esposa se pasó todo el tiempo cuidándome.

Sin embargo, sentía que, por lo menos, la mayoría de los problemas más apremiantes de los grupos familiares, se había resuelto. El éxito empezaba a sentirse en los grupos. Los miembros invitaban a sus vecinos a las reuniones, y esas personas aceptaban al Señor Jesucristo como su Salvador. Los grupos crecían y se dividían, y el número de miembros que se unía a la iglesia era mayor cada semana. A medida que aumentaba el número de los grupos, contratábamos más pastores auxiliares y nombrábamos más diáconos y diaconisas para supervisar los nuevos grupos.

No obstante, debido a mi precario estado de salud, no podía observar en todo su detalle el desarrollo de la Iglesia Central del Evangelio Completo. No llevábamos registro del número de miembros, y la última cifra que recordaba haber visto era la de dos mil cuatrocientos, asentada en 1964. Sabía que esa cifra había aumentado, debido al número de grupos familiares, pero no podía calcular el número exacto de miembros. Es más, me era difícil concentrarme. Mi memoria era tan deficiente durante esos años, que en ocasiones no recordaba los nombres de mis hijos.

Parecía como si mi vida pendiera de un hilo. Cada momento me sentía a las puertas de la muerte. Todos los días decía: — Señor, sólo permíteme predicar un sermón más, y luego podré morir.

Aun estando en esas condiciones, el Señor me ordenó salir. Las noticias corrían acerca del desarrollo que experimentaba nuestra iglesia. No sólo toda Corea lo sabía, sino que nuestra denominación, las Asambleas de Dios, también sentía gran regocijo al respecto. Se me nombró superintendente general de todas las iglesias de las Asambleas de Dios en Seúl, y miembro del comité asesor de la Conferencia Mundial Pentecostal, celebrada en Brasil y Seúl.

Además, nuestra iglesia estaba interesada en un gran programa misionero, y estaba ayudando a establecer los programas de grupos familiares en los lugares donde prestaban servicio nuestros misioneros.

Solía desmayarme en los sitios más inesperados. En cierta ocasión me desmayé en el aeropuerto de Tokio. En otra, en una Iglesia de las Asambleas de Dios en los Estados Unidos, y también en la casa central de la denominación en Springfield, Missouri. Me desmayaba en los hoteles y moteles. Mi vida era un sufrimiento continuo.

No obstante, continuaba orando por los enfermos, y muchos sanaban. Cada vez que presenciaba la sanidad de una persona, le suplicaba a Dios, en mi interior: — ¡Señor, por favor, yo también! ¡Yo también!

Pero Dios había dicho diez años, y diez años serían. Durante todo ese tiempo sufría dolores indecibles. Me daba cuenta de que había dejado de tener dominio sobre la situación. ¿Cómo podía tenerlo si me encontraba tan enfermo? En un tiempo había deseado tener éxito y ser importante, y estar en control de todo lo que sucedía en nuestra iglesia. Deseaba construir la iglesia más grande de Corea, pero esas cosas ya no eran tan importantes. Cada día de mi vida, cada movimiento de mi cuerpo, cada aliento, dependía totalmente del Señor. . . y Dios me trataba con compasión.

Hoy me doy cuenta de que durante ese período de mi vida Dios me doblegaba, y comprendo además, cuán necesario es que un dirigente se doblegue. De no hacerlo, jamás podrá conducir al pueblo de Dios como un pastor conduce a sus ovejas, porque siempre lo hará sobrecogido por el temor. Estará pensando en el dinero o en el poder, ya que temerá perder su autoridad o su cargo. Jamás podrá confiar en los laicos y delegarles autoridad por temor a perder su propio puesto y su autoridad. Temerá que cada uno de los errores que éstos cometan le perjudique. Hará muchas cosas *para* el Señor, pero Dios no podrá hacer uso de él, porque tendrá miedo de escucharlo.

Dios se sirve de las personas según su grado de quebrantamiento. Hoy comprendo que Dios no podía usarme hasta que me hubiera doblegado del todo; hasta que perdiera la seguridad en mí mismo. Y así, después de diez años de sufrimiento, me encontraba como reducido a polvo.

Durante los últimos años de esa década, nuestra iglesia recibió la visión de construir un nuevo edificio en la nueva urbanización de la isla Yoido, en el río Han. Allí era donde se construían nuevos apartamentos y edificios del gobierno. Compramos un terreno en el lugar, y el nuevo edificio quedó terminado en 1973.

Sólo entonces pude saber con cierta seguridad el número de personas con las cuales contábamos. Cuando llegó el momento de mudarnos, la Iglesia del Evangelio Completo contaba con dieciocho mil miembros, que participaban todos en los grupos familiares. Sin embargo, como no todos deseaban abandonar el viejo edificio en Sodaemoon, convinimos en permitir que ocho mil de ellos permanecieran allí, y la denominación nombró un nuevo pastor para aquella iglesia. Luego nos trasladamos a nuestra nueva Iglesia Central del Evangelio Completo con diez mil miembros. Nuestra iglesia era aún más pequeña que la Iglesia Presbiteriana de Yong Nak, pero continuábamos creciendo, y yo sabía que el potencial era casi ilimitado debido al sistema de los grupos familiares.

El hecho más maravilloso que me sucedió durante esa mudanza, fue que la sanidad que Dios me había prometido se convirtió por fin en realidad. No puedo precisar un día u hora determinados, pero poco a poco la sanidad que sabía que ocurriría, empezó a moverse en mi corazón, y éste experimentó una sanidad total. Las palpitaciones cesaron, y recobré nueva fuerza física. Ya no sentía aquella sensación de muerte inminente.

No obstante, aún hoy, no puedo decir que estoy curado del todo, pues siempre que me encuentro exhausto, mi mente aún tiende a divagar, y la memoria me falla. En ocasiones se me hace difícil recordar los nombres de mis compañeros. Sin embargo, todavía me encuentro en proceso de curación, y confío plenamente en Dios. Ahora que "el Gran Cho" ha muerto, no busco dinero, fama ni poder, porque he sido purificado de todo deseo por tales cosas. Mi experiencia me dice que esas cosas son como una gran burbuja que puede estallar en cualquier momento.

Sin embargo, aun después de mi sanidad, seguía teniendo un gran problema. . . El séptimo y último ataque de Satanás para destruir nuestra floreciente iglesia. Pero ese problema no surgió hasta unos dos años más tarde.

El primer año que estuvo la iglesia en la isla Yoido, ganamos unos tres mil miembros nuevos Empecé a animar a los grupos a que buscaran más miembros en sus vecindarios y a que compartieran la buena nueva de lo que Dios había hecho por ellos. Luego establecí metas para cada uno de los grupos. Mientras continuaba soñando con los miembros que esperaba para llenar el nuevo edificio, Dios me dio la confirmación (rhema). Así, reclamaba el crecimiento, año tras año, y hasta mes por mes. Después de varios años, estábamos ganando tres mil almas para Cristo al mes.

El séptimo ataque de Satanás fue uno de los peores que podía imaginar. Las mujeres de la iglesia jamás lo hubieran podido pensar. Las mujeres estaban conmigo ciento por ciento. Sin embargo, algunos de los dirigentes varones permitieron poco a poco que sus responsabilidades y su autoridad se les fueran a la cabeza. Tres de los pastores auxiliares (cada uno de los cuales dirigía cincuenta grupos familiares) llegaron a creer que los miembros eran leales a ellos, más que a mí o a la iglesia.

Los tres decidieron instar a sus rebaños de cincuenta grupos cada uno, a que se separaran de la Iglesia Central del Evangelio Completo, y a que formaran sus propias iglesias. Esas iglesias tenían en potencia la facultad de convertirse en iglesias muy grandes, puesto que cada uno de esos ministros tenía a su cargo dos mil miembros.

Sin rodeos les dije a aquellos hombres que no aprobaba lo que hacían. ¡Estaban robando mis ovejas! No obstante, se negaron a escucharme y les notificaron a todos los miembros de los grupos bajo su mando, que dejaran de asistir a los servicios de la Iglesia Central del Evangelio Completo los domingos en la mañana, puesto que tendrían sus propios servicios en sus propios distritos. Por supuesto que yo les notifiqué también a los grupos mi desaprobación respecto de la división.

La división duró unos seis meses. Cuando empezaron las reuniones dominicales separadas, cada uno de los tres ministros descubrió que su congregación constaba de unos trescientos a quinientos miembros, y no de los dos mil más o menos que habían esperado. No obstante, siguieron adelante y continuaron reuniéndose por separado, ya que se consideraban iglesias nuevas.

Mientras tanto, para prestar servicios a los miembros de nuestra congregación en esos distritos, nombré nuevos pastores auxiliares que dirigieran los grupos que permanecían leales a la Iglesia Central del Evangelio Completo.

Con el tiempo, los miembros que se habían separado de la iglesia empezaron a volver. Al cabo de seis meses, esos tres ministros tenían tan pocos adeptos que se vieron obligados a desistir de su intento y abandonar la ciudad. Cada uno de ellos tiene ahora una pequeña iglesia en algún lugar de Corea, pero el Señor no los ha bendecido como pensaron que lo haría.

El error de esos hombres fue pensar que, por haberles yo delegado mi autoridad, la gente los iba a seguir. Estaban equivocados.

Desde entonces, he tomado ciertas medidas para ayudar a los hombres de nuestra iglesia que demuestren tener aspiraciones. Si un dirigente de los grupos familiares desea hacerse ministro, yo pago su inscripción en la Escuela Bíblica, con la condición de que, al graduarse, trabaje durante tres años por lo menos como pastor auxiliar en nuestra iglesia. Después, si es que desea tener su propia iglesia, puede contar con mi ayuda. Le proporciono un sueldo y dinero suficiente para empezar su propia iglesia en otro lugar. No obstante, ha de ser una iglesia que atraiga nuevos miembros, y no que se lleve los miembros de la iglesia madre.

Hasta la fecha, los miembros de la Iglesia Central del Evangelio Completo han establecido de esa manera setenta y cinco iglesias y programas misioneros, diseminados por todo el mundo en lugares como Japón, Australia, los Estados Unidos, América Latina y Europa.

5 / LA SEGURIDAD QUE OFRECEN LOS GRUPOS FAMILIARES

Uno de los problemas fundamentales de la sociedad de hoy, es el "anonimato" del ser humano. Con el aumento de la población, la persona se convierte en un rostro más entre la multitud. Se han escrito bastantes libros acerca de las dificultades que hoy tienen las personas, al tratar de hacerle frente a ese anonimato, en el cual se contemplan a sí mismas como números únicamente. Se encuentran apartadas, solas, sin rumbo.

El problema ha surgido también en nuestras iglesias. En especial, en las más numerosas. Muchas de las iglesias más importantes y dinámicas se han edificado sobre la base del ministerio personal de un hombre, un predicador ungido por Dios cuyos feligreses sienten gran necesidad de sus enseñanzas y de su aliento. Los seres humanos están hambrientos de la Palabra de Dios y de tener la seguridad de que para Dios son algo más que números. No obstante, mientras escuchan palabras de aliento desde el púlpito, están experimentando en la iglesia lo mismo que en su vida secular. Su único papel es el de espectadores.

No cabe duda de que en muchas de esas iglesias, *algunos* de los miembros de la congregación se ven comprometidos hasta cierto punto, en actividades de grupo y relaciones humanas llenas de significado. Sin embargo, por regla general, sólo un porcentaje muy bajo de las personas de cualquier congregación están relacionadas con esos grupos. Además, en ocasiones, muchos tipos de grupos ofrecen pocas oportunidades para que las relaciones sean verdaderamente personales, sobre todo cuando se trata de un grupo de estudio bíblico formal. El entusiasmo inicial de los miembros nuevos va decayendo poco a poco, y con el tiempo se convierten en cristianos de domingo, aun en algunas de las iglesias que tienen más "vida".

En cambio, los grupos familiares les proporcionan a esas personas la oportunidad de comprometerse a través de una relación llena de sentido en la vida de su iglesia. No todos están llamados a ser ancianos o diáconos de una iglesia importante; no todos están llamados a enseñar en la Escuela Dominical o a ministrar a las personas. Sin embargo, com los grupos familiares todos tienen la oportunidad de sentirse comprometidos.

Me agrada referirme a la Iglesia Central del Evangelio Completo como la iglesia que es a la vez la más pequeña y la más grande del mundo. Es la más grande porque, en la fecha en que escribo este libro, nuestra congregación consta de más de ciento cincuenta mil miembros. Al mismo tiempo, también es la más pequeña del mundo porque cada miembro es parte de un grupo familiar de quince familias como máximo.

Cada semana esos miembros tienen la oportunidad de estar juntos en las reuniones de los grupos familiares, donde juntos adoran al Señor, oran, aprenden la Palabra, experimentan la acción de los dones del Espíritu Santo, ven milagros y sanidades y disfrutan de una relación llena de afecto con sus hermanos cristianos. En los grupos familiares dejan de ser números para convertirse en personas; en individuos. La persona que se une a un grupo familiar, descubre que es un "yo"; no un objeto. El dirigente del grupo se convierte en una especie de pastor para ella, aunque se encuentre a su vez bajo la autoridad de la iglesia. El dirigente conoce a cada uno de los miembros de su grupo personalmente y comparte con ellos sus alegrías y sus problemas con la familiaridad que al pastor principal le es imposible establecer.

Los servicios dominicales de nuestra iglesia son muy organizados, muy tradicionales. El número de personas que asiste a cada servicio es de unas quince mil, lo que limita la participación de cada individuo al canto de los himnos y a momentos limitados de alabanza a nivel de toda la congregación. Fuera de eso, están allí para recibir... ya sea instrucción mediante el mensaje, sanidad o la seguridad que da el

Señor. Además, están allí para disfrutar de la celebración y para presentar sus ofrendas a Dios.

En cambio, en los grupos familiares, cada uno tiene la oportunidad de que Dios lo use para ministrar a las demás personas del grupo. La Biblia dice que el Espíritu Santo distribuye sus dones como Él quiere (1 Corintios 12:11). En nuestros grupos, a pesar de que las enseñanzas del dirigente proceden de la Palabra de Dios y tienen como base el esquema aprobado por la iglesia, los demás miembros tienen la oportunidad de dar una profecía, hablar en lenguas, interpretarlas, o dar una palabra de sabiduría o de ciencia. Cada miembro puede orar por los enfermos y si lo hace con fe puede estar seguro de que Dios oirá su oración, y sanará a la persona.

Sobre todo, cada persona puede participar en el avivamiento de su propio vecindario. Trataré este asunto con más detalle en el próximo capítulo, pero permítame decir aquí que mis miembros han sentido gran satisfacción en compartir su amor con los no creyentes de sus vecindarios o de sus edificios de apartamentos, en particular cuando los vecinos aceptan de buen grado la invitación a asistir a uno de los grupos familiares. De esa manera, cada uno de mis miembros se convierte en misionero y agente del avivamiento dentro de los límites de su vecindario.

Los miembros de la Iglesia Central del Evangelio Completo, son personas entusiastas que experimentan el avivamiento los trescientos sesenta y cinco días del año. Cada iglesia necesita un avivamiento de esa índole, y nuestros miembros lo viven porque participan en su vida de manera activa.

Ningún avivamiento debe ser el fruto de una sola personalidad. Nunca he afirmado ser el responsable del avivamiento que se observa en nuestra iglesia. En realidad, el avivamiento continúa esté yo presente o no, y en la actualidad, viajo al exterior seis meses del año. La iglesia tiene su avivamiento cuando yo no estoy allí, porque el Espíritu Santo hace uso de todos los miembros por medio de los grupos familiares. Eso significa que el avivamiento no desaparecerá después de que mi vida termine. Al menos, mientras la iglesia sea fiel a los principios de los grupos familiares, bajo la dirección del Espíritu Santo.

Los grupos familiares les ofrecen un alto grado de protección a los miembros. Cada uno de ellos se convierte en un miembro de la familia constituida por todos los miembros del grupo, en una especie de relación comunitaria que significa algo más que una simple comunidad. En el grupo, cada persona está en libertad de discutir sus problemas y de pedir consejo y oración por sí misma. En realidad, la relación va más allá del consejo y la oración; los miembros velan realmente los unos por los otros.

Un ejemplo de cuánto nuestros miembros se preocupan los unos por los otros, es el caso de una familia en la cual el esposo estuvo cesante por largo tiempo. Los miembros de su grupo familiar cooperaron para proporcionarles alimentos de vez en cuando, y hasta la ropa de abrigo que necesitaban. Además, el grupo hizo una colecta para enviar a uno de los hijos de esa familia a la universidad.

Los miembros de los grupos van a limpiar las casas de las mujeres del grupo que caen enfermas. Visitan a otros miembros en el hospital, donde oran por sanación y les infunden gran aliento a los enfermos. Cuando hay una muerte en la familia de uno de los miembros del grupo, es como si ésta hubiera ocurrido en la gran familia del grupo; todos los miembros van en ayuda de la familia que sufrió la pérdida, para compartir su dolor y atender a sus necesidades más urgentes.

Es una vida comunitaria maravillosa. Cada quien ayuda a su semejante. Cuando alguien pertenece a un grupo familiar, sabe que lo aman, y que velarán por él, y esa es la protección que muchas personas nunca encuentran en las iglesias donde no hay grupos familiares.

En nuestros grupos familiares esa protección es aún mayor, debido a que la mayoría de esos grupos son algo más que grupos de vecindad. Su especialidad va aún más lejos.

Muchos de nuestros grupos están integrados por núcleos de mujeres del mismo barrio. Debido a que los hombres hacen la mayor parte del trabajo en Corea, las mujeres permanecen en el hogar y se ocupan de la casa y de los niños. Por tanto, disponen del tiempo suficiente para reunirse durante el día. De quince a veinte amas de casa se reúnen en la casa o el apartamento de uno de los miembros cada semana, y una de las mujeres actúa de dirigente.

Por regla general, los hombres trabajan durante muchas horas y, como es natural, están demasiado cansados para reunirse durante la semana. Por consiguiente, celebramos muchas reuniones de grupos de varones los sábados por la noche, y en ellos los hombres son los dirigentes. Por supuesto que esos grupos no están limitados a hombres o mujeres solamente. En ocasiones, los hombres van a los grupos de la mujeres, especialmente cuando tienen un día libre durante la semana o se recuperan de alguna enfermedad o lesión. También a veces las esposas van con sus maridos a las reuniones de los sábados por la noche, aun cuando hayan asistido a sus propias reuniones durante la semana.

Además, tenemos reuniones de jóvenes y reuniones de niños; todas esas son variaciones de las reuniones de los grupos familiares, aunque están orientadas en especial a la gente joven.

También tenemos reuniones muy especiales, como las que se celebran en las oficinas y fábricas durante los días laborables. En cierto sector de la ciudad donde había una gran concentración de secretarias, las mujeres descubrieron que la hora ideal para celebrar una reunión era la hora del almuerzo. Por tanto, acondicionaron un local en uno de los edificios de oficinas, y todas las semanas se reunían para estudiar la Palabra de Dios y para compartir y orar juntas. No sólo eso, sino que la reunión era el sitio ideal donde las mujeres podían invitar a sus compañeras de trabajo, con las que tanto tenían en común.

En otro sector de Seúl, las trabajadoras acordaron que ellas también deseaban tener una reunión de grupo durante las horas laborables. Hablaron con el gerente y le expusieron su deseo. En un principio los supervisores estaban renuentes, porque opinaban que el tiempo asignado para la hora del almuerzo no sería suficiente, y temían que las empleadas regresaran tarde a su trabajo.

No obstante, ellas no estaban dispuestas a darse por vencidas. Oraron sobre el problema, y luego le presentaron un plan al gerente.

— Denos una hora extra después del almuerzo para celebrar nuestra reunión — le dijo la dirigente —, y trabajaremos una hora extra al final de la jornada de trabajo. Así, trabajaremos las horas requeridas, la producción no disminuirá y usted no tendrá que pagarnos extra por el día de trabajo más largo.

El gerente demostró algún escepticismo, pero decidió darles una oportunidad. Transcurridas varias semanas quedó maravillado. Las trabajadoras que pertenecían a la Iglesia Central del Evangelio Completo, no sólo cumplían con lo que habían prometido, sino que en realidad producían más chocolate por empleada, que las demás. Se encontraba tan satisfecho, que llamó a la oficina de la iglesia y pidió hablar conmigo.

— Pastor Cho, el entusiasmo de sus miembros es increíble — me dijo —. Son las mejores trabajadoras de nuestra fábrica. Por favor, si usted tiene más miembros como ellas, envíemelos. Me complacerá mucho darles trabajo.

En verdad, eso dice mucho del dinamismo de los miembros de nuestra iglesia. Todo se lo atribuyo a los grupos familiares. Nuestra gente siente verdadero entusiasmo y esa es nuestra manera más eficaz de evangelizar.

6 / LOS GRUPOS FAMILIARES: LA CLAVE DE LA EVANGELIZACIÓN

El cuerpo humano está en constante proceso de renovación y reproducción. De no ser así, moriría. Ese proceso se aplica también al Cuerpo de Cristo, la Iglesia. De ahí que la evangelización sea uno de los requisitos de una iglesia dinámica y pujante. Una iglesia sin un programa de evangelización formal, permanecerá estancada o irá muriendo poco a poco.

Sim embargo, hay algo más; al evangelizar cumplimos con un mandato del Señor Jesucristo: el de ir por todo el mundo predicando el Evangelio y haciendo discípulos.

Cuando Jesús les dijo a sus discípulos que serían sus testigos después de que el Espíritu Santo descendiera sobre ellos, les dijo también que primero serían sus testigos en Jerusalén, en su propio lugar, ahí en donde vivían. Sólo después de haber evangelizado a Jerusalén, llegaron hasta Judea y Samaria y, por último, a todos los confines de la tierra.

Es necesario que cada una de nuestras iglesias participe en un programa de evangelización similar. Necesitamos la evangelización que comienza en nuestros propios barrios, en nuestras ciudades y aldeas, doquiera el Señor nos haya colocado. Esa es la evangelización que nosotros practicamos en la Iglesia Central del Evangelio Completo de Seúl, y a ella se debe el crecimiento espectacular que hemos experimentado.

No obstante, en nuestra iglesia no se sigue el conocido sistema de la evangelización de puerta en puerta. En muchos aspectos, ese tipo de evangelización conlleva una confrontación, ya que da pie a que la persona se resista, de la misma manera que un cristiano se resiste cuando un miembro de los Testigos de Jehová o de los Mormones toca a su puerta. No hay que negar que muchas personas se salvan por medio del testimonio cristiano de puerta en puerta, y que en ocasiones el Espíritu Santo induce a los cristianos a que se dediquen a la evangelización de esa índole en los sectores donde El ya ha preparado los corazones de los incrédulos. Pero, en general, la evangelización de puerta en puerta frustra al testigo cristiano debido al poco fruto que éste obtiene de ella.

Nuestra iglesia lleva a cabo la evangelización, ante todo, mediante el sistema de los grupos familiares. Cada grupo se convierte en un núcleo de avivamiento en su propio barrio, porque es en el grupo donde se puede encontrar verdadera *vida* dentro del vecindario. Cuando una reunión de grupo familiar está llena de vida, y cuando las personas están contentas, comparten su fe y dan testimonio de lo que el Señor ha realizado en su vida, las demás personas se sienten atraídas hacia ellas. Los incrédulos sienten curiosidad. Desean saber por qué ese pequeño grupo de cristianos está tan alegre a pesar de los muchos problemas que le rodean.

Ahora bien, aunque esos grupos se conviertan en imanes en sus propios barrios, nuestros miembros tienen aún necesidad de realizar su labor de evangelización. Los incrédulos rara vez tocan a la puerta para enterarse de lo que sucede. Nuestros miembros tienen que salir a buscar a los posibles conversos. Sin embargo, nosotros tenemos otros medios de ayudarles a convertirse en evangelistas interesados en sus semejantes.

Uno de esos medios es el que nosotros llamamos "indiscreción santa". Nuestros dirigentes de grupo les indican a sus miembros que estén alerta, a la búsqueda de personas con problemas. Muchos de nosotros escuchamos a diario conversaciones en las cuales las personas hablan de sus problemas. Siempre que escuchemos esas conversaciones, debemos apresurarnos a preguntarle al Espíritu Santo: — ¿De qué manera puedo dar testimonio ante esta persona? ¿Qué puedo hacer para que conozca a Jesús, que es en realidad quien puede resolverle sus problemas?

A mis oídos llegó el caso de una hermana de nuestra congregación que le testificó a una señora que había conocido en el mercado del barrio. Había oído a aquella señora, que no era creyente, contarle sus problemas matrimoniales a una amiga. Estaba a punto de divorciarse. Era el caso que nuestra hermana había tenido problemas similares, pero el Señor Jesús había salvado su matrimonio por medio de la oración y del ministerio del grupo familiar.

Al salir del mercado, la hermana le dio alcance a la otra señora y le dijo: — No pude menos que escucharla cuando hablaba de su problema con su amiga. Yo tuve un problema muy parecido. ¿Desearía venir a tomar el té conmigo mientras le relato cómo lo superé y salvé mi matrimonio?

Se sorprendió de que la señora aceptara al instante. Durante el tiempo que compartieron sus experiencias, la hermana le confió cómo ella y su esposo habían estado a punto de divorciarse, pero habían encontrado al Señor, y su vida había cambiado por completo. No la quiso presionar para que en aquel momento aceptara a Cristo como su Salvador, pero sí le dijo cuánto significaban para ella las reuniones de los grupos familiares, y la invitó a que la acompañara a la siguiente reunión. Le aseguró que había en el grupo un gran número de señoras comprensivas del barrio, que podrían identificarse con sus problemas, por haber tenido otros similares.

Al venir por primera vez a la reunión del grupo, la señora quedó muy bien impresionada. A pesar de que el canto emotivo, las palmadas, y cosas así no fueron del todo de su agrado, pudo observar que aquellas señoras se parecían a ella. Sin embargo, demostraban tener la serenidad que ella añoraba. En aquella primera reunión, no le entregó su corazón a Jesús, pero se sintió atraída y con deseos de regresar. Luego de haber asistido a unas cuantas reuniones, le entregó su vida al Señor, y no tardó en unirse a la iglesia. Poco tiempo después, su esposo también venía con ella a la iglesia. Con el tiempo, él también encontró al Señor, y el matrimonio pudo salvarse.

Este relato es un ejemplo de la importancia de la evangelización de mujer a mujer en nuestra iglesia. Tenemos más mujeres que hombres, característica de la mayoría de las iglesias cristianas. A pesar de no ser esa la razón por la cual hacemos hincapié en la evangelización de mujer a mujer, hemos podido observar que cuando una mujer se hace cristiana y entra en la comunión de la iglesia, pronto la siguen sus hijos. Esto es casi una ley natural. Dondequiera que van las mujeres a recibir alimento espiritual, allí llevan a sus hijos.

Convengo en que los hombres son los llamados a ser los jefes espirituales de sus hogares, pero por regla general, entre los incrédulos, los hombres no son los primeros en interesarse en las cosas espirituales. En la mayoría de los casos, la mujer es la primera en aceptar la evangelización, como también es la primera en entregar su vida a Cristo Jesús. A menudo el esposo es el último en venir a la iglesia. Observa a su mujer y a sus hijos cuando salen del hogar para asistir a los servicios, y observa además, que parecen sacar algo de ello. Con el tiempo, termina por acompañarlos, aunque sólo sea con el propósito de averiguar de qué se trata. En nuestra iglesia hemos observado que si se logra atraer al hombre a una de las reuniones del grupo familiar, pronto se entusiasma tanto como el resto de la familia.

En la actualidad, una de las necesidades más apremiantes de la Iglesia es evangelizar nuestras ciudades. No es cierto que las iglesias de las grandes urbes están llamadas a desaparecer. Me doy cuenta de que, a causa del materialismo que hoy impera, muchas personas no asisten a la iglesia y tienen el corazón y la mente cerrados al Evangelio. Sin embargo, nuestra iglesia ha tenido mucho éxito en su labor de evangelización en el centro de una de las urbes más grandes del mundo. Seúl tiene más de ocho millones de habitantes. No obstante, durante los últimos siete años hemos ganado ciento cuarenta mil miembros, y también hemos traído otros miles al Señor y los hemos enviado a otras iglesias. El número de miembros de nuestra iglesia es quince veces mayor de lo que era en 1973, cuando nos trasladamos a la isla Yoido.

En nuestra labor de evangelizar a Seúl, encontramos los mismos problemas que encuentra cualquier otra iglesia urbana. Seúl tiene muchos edificios de apartamentos y, por consiguiente, es difícil hacer nuevas amistades. Los cristianos no pueden ir tocando de puerta en puerta en un edificio de apartamentos. Además, nosotros no solemos evangelizar de esa manera.

A una de las dirigentes de los grupos familiares se le ocurrió una idea muy feliz. Cada domingo pasaba unas cuantas horas subiendo y bajando en el elevador de su edificio. En muchas de esas ocasiones se le presentó la manera de ofrecer ayuda a algunas personas. Una madre necesitaba una persona que le cargara su bebé; una anciana necesitaba quien le ayudara a llevar sus compras hasta su apartamento. En esos casos, nuestra dirigente de grupo estaba siempre dispuesta a ofrecer su ayuda.

Poco a poco, esa dirigente llena de iniciativa se hizo amiga de muchas de las personas a quienes ayudaba en el elevador. Mientras tanto, "sembraba" en secreto una reunión de grupo familiar en su edificio de apartamentos. Cuando estaba ayudando a aquellas personas y hacía amistad con ellas, oraba por ellas en silencio. Pasado algún tiempo, obtuvo sus números de teléfono y las llamó para invitarlas a una reunión de grupo en su apartamento.

La dirigente tuvo tal éxito que, en la actualidad, si usted visita uno de los edificios de apartamentos que se hallan cerca de nuestra iglesia el sábado por la tarde, encontrará a nuestras dirigentes de grupo subiendo y bajando, subiendo y bajando en los elevadores. . .

— ¿Desea que le ayude a cargar sus compras?

— Por favor, permítame detenerle la puerta.

— ¿Que la llave del agua no funciona bien y el agua gotea constantemente? Mi esposo es experto en arreglar grifos.

Y así sucesivamente; mientras tanto, se van sembrando las semillas de los grupos familiares.

Nuestros miembros están tan entusiasmados con la evangelización de esta índole, que cuando se mudan fuera de Seúl, se niegan a abandonar nuestra iglesia y nuestro sistema de grupos familiares. Hace unos cuatro años, un matrimonio se trasladó a Inchón, que se encuentra a más de treinta kilómetros de Seúl. La esposa era una de nuestras dirigentes de grupo. Cuando me habló de su mudada, le dije: — Bien, creo que usted debe hacerse miembro de una buena iglesia en Inchón.

— Oh, no, Pastor Cho. Eso no es lo que deseamos hacer — replicó la mujer —. Creo que abriremos nuestro hogar para una reunión de grupo. Luego, nos reuniremos el domingo y vendremos todos a Seúl para los servicios.

Ya había empezado a soñar con el maravilloso grupo familiar que tendría en Inchón.

— Bueno, eso es cosa suya — le dije, y le di mi autorización.

Una vez que el matrimonio se hubo trasladado a Inchón, procedió a actuar tal como lo había planeado. No tardó en tener un floreciente grupo familiar. Los domingos en la mañana ellos y su grupo venían a la iglesia en un autobús alquilado. De eso hace cuatro años. Hoy, ese grupo familiar de Inchón se ha convertido en ciento treinta grupos con dos mil miembros. Todos los domingos alquilan autobuses para asistir a la iglesia.

Debido a que uno de los grupos comenzó a dividirse y a propagarse, hoy día Inchón es un distrito reconocido de nuestra iglesia, con un pastor auxiliar al frente del mismo.

Eso es algo extraordinario. Sin lanzar una campaña de evangelización, sin "reuniones de avivamiento", sin gran alboroto, sino sólo con el entusiasmo de un joven matrimonio coreano, hoy tenemos dos mil miembros en Inchón. En todo ese tiempo, yo jamás he ido a Inchón a predicar personalmente; todos los miembros han venido a Seúl para escuchar mis prédicas. Dos mil hombres, mujeres, jóvenes y niños encontraron a Cristo Jesús como resultado del entusiasmo de aquel matrimonio.

En la actualidad, unos cien autobuses traen a los miembros a nuestra iglesia todos los domingos. Al contemplar el espectáculo, muchas personas que visitan Seúl dicen: —Yonggi Cho tiene un negocio de autobuses. Ese debe ser el secreto de su éxito. ¡Observen el número de autobuses que tiene!

No, yo no alquilo ni un solo autobús. Los grupos familiares se encargan de hacerlo ellos mismos, es decir, de traer a la iglesia a todos los miembros y a los que vienen por primera vez. Yo no tengo nada que ver con eso. Sin embargo, confieso que me halaga lo que está sucediendo.

Eso se llama evangelización. Eso se llama crecimiento de la iglesia. Para fines de 1980 teníamos diez mil grupos familiares. Tengo la firme opinión de que, cuando una iglesia adopta el sistema de los grupos familiares, no puede menos que crecer. Cuando la congregación ya es numerosa, los miembros tienen imprescindible necesidad de los grupos familiares; de lo contrario, el pastor sufrirá un colapso nervioso al tratar de ministrar a toda su congregación, sobre todo si ésta tiene más de dos mil miembros.

En realidad, alguien me ha preguntado a cuántos miembros creo que podría ministrar de manera adecuada sin el sistema de los grupos familiares. Confieso que a no más de quinientos. En estos momentos sólo tengo que tratar con un número relativamente pequeño de dirigentes. Esos dirigentes tienen a su vez a otras personas bajo su dirección, y éstas son las que pastorean a los dirigentes de grupo. Esos dirigentes son los que realizan la mayor parte del trabajo ministerial de nuestra iglesia.

La Iglesia Central del Evangelio Completo no se compone tan sólo del edificio donde están sus oficinas y su santuario. Nuestra iglesia está fuera, en las casas y en los edificios de apartamentos, en las oficinas y en las fábricas de Seúl y de sus suburbios. El ministerio se realiza allí. La evangelización se realiza allí. El edificio de la Iglesia Central es el centro donde se llevan a cabo los cultos, donde las personas vienen los domingos y en otras ocasiones, a alabar y adorar a Dios; donde reciben aliento, instrucción y enseñanza.

Nuestra iglesia se ha convertido en un organismo viviente. Los grupos familiares son grupos vivos, y funcionan poco más o menos como funcionan las células del cuerpo humano. En un organismo vivo, las células crecen y se dividen. Donde antes había una sola célula, ésta se convierte en dos. Luego hay cuatro, después ocho, dieciséis, y así sucesivamente. Las células no se van sumando al cuerpo, sino que se multiplican por progresión geométrica.

Eso es precisamente lo que sucede con nuestros grupos familiares. Cuando el número de familias pasa de quince, el grupo se divide en dos. Luego, los dos grupos nuevos invitan a otras personas hasta que de nuevo cada uno tiene quince familias; entonces se dividen en cuatro.

Ya he mencionado que a principios de nuestro ministerio de grupos familiares, muchas personas estaban renuentes a dividir el grupo. Por consiguiente, la división tuvo que hacerse obligatoria. Eso sucede aún de vez en cuando; sin embargo, la mayoría de los miembros de la Iglesia Central del Evangelio Completo, comprenden que la vida del grupo y de la iglesia depende de la división constante de los grupos. En ocasiones, nos vemos obligados a enviar a uno de los pastores para que persuada a un grupo familiar a que se divida, pero por regla general la división se realiza de manera espontánea cuando el grupo tiene más de quince familias. Es una regla de nuestra iglesia, y la mayoría de los miembros la obedecen sin protestar.

Hay que admitir que a menudo corren las lágrimas cuando los amigos se ven obligados a separarse para asistir a otras reuniones; no obstante, no es un problema de vida o muerte. Todos los grupos familiares están limitados a sectores geográficos determinados. Cuando los amigos no pueden verse en la reunión del grupo, continúan reuniéndose en otras ocasiones durante la semana, al igual que lo hacen todos los amigos. Además, son frecuentes las actividades de distrito, en las que cierto número de grupos familiares se reúnen para disfrutar de un almuerzo al aire libre, de una gran reunión de oración, o de algún otro acontecimiento.

Hay algo más que debe mencionarse en cuanto a la evangelización. El reverso de la moneda en cuanto a la evangelización, es "la puerta trasera" de la iglesia. Muchas iglesias se quejan de que la congregación pierde por la puerta del fondo tantos miembros, como gana en las reuniones de avivamiento. Por supuesto, esas iglesias no crecen. En nuestra iglesia podríamos decir que no hay "puerta trasera". Eso se debe a que cada grupo podría considerarse un círculo familiar. Mediante esos círculos familiares, las personas llegan a sentirse parte integrante de la iglesia, y permanecen en ella. Además, cada dirigente de grupo cuida de su pequeño rebaño, al igual que una gallina cuida de sus polluelos. El dirigente se ocupa constantemente de las necesidades de su rebaño. Al mismo tiempo, si algún miembro de su grupo familiar no asiste a la iglesia, al día siguiente el dirigente de su grupo lo llama para preguntarle si le ocurre algo. Si hay algún problema, el dirigente va a verlo y se ocupa del asunto sin pérdida de tiempo. Quizá la persona esté enferma o tenga cualquier otro problema que pueda resolverse mediante la oración y el ministerio. Y si fuera que está comenzando a deslizarse hacia el mundo de nuevo, el dirigente puede discernir el origen del problema y hablarlo con la persona.

Por tanto, una vez que una persona se une a nuestra iglesia mediante el sistema de los grupos, es poco factible que la perdamos. Siempre hay quien vele por ella, se ocupe de ella y la ayude.

Cierto día un hombre y su esposa me visitaron en mi despacho. Se presentaron como nuevos miembros de la iglesia. Luego, el esposo rió, movió la cabeza y dijo: — Es imposible escapar de esta iglesia.

— ¿Qué quiere decir? — le pregunté.

El esposo procedió a relatarme la historia de cómo su hijo se había vuelto *hippie*. — Estábamos muy preocupados por él — dijo —. Pero entonces una señora muy simpática, miembro de esta iglesia y vecina nuestra, vino a nuestra casa y empezó a tratar a mi hijo; le hablaba y oraba con él, y pasado algún tiempo, se operó un cambio radical en mi hijo.

— Como es natural, nosotros le estábamos muy agradecidos por lo que ella había hecho. Era muy buena y compasiva.

— Luego nos invitó a visitarla en su hogar y nos dijo: "Tenemos una reunión maravillosa todas las semanas en nuestra casa. Es un momento precioso de fraternidad; servimos té y galletitas y hablamos de religión. ¿Les gustaría venir?"

— Fuimos por agradecimiento. Debo confesar que también lo pasamos muy bien. Escuchamos los cantos y los testimonios, que eran muy emocionantes. El mensaje fue bueno, y hasta nos sentimos muy agradecidos por el interés de los allí presentes cuando oraron por nosotros y por nuestro hijo.

— Sin embargo, al retirarnos, no volvimos a pensar en la reunión con demasiada frecuencia. Pensamos que sólo se trataba de una noche agradable con algunos de nuestros vecinos.

— No obstante, a la semana siguiente la señora nos volvió a invitar. Creímos que sería bueno regresar, puesto que lo habíamos pasado tan bien la primera vez. Jamás se nos pasó por la mente comprometernos de manera constante.

— Luego, nos volvió a llamar el sábado y nos dijo: "Mañana es domingo. ¿Por qué no vienen conmigo a la Iglesia Central? Tenemos un pastor excelente. Siempre tiene un buen mensaje. ¡Acompáñenme!"

— Al día siguiente vino en su automóvil, nos tocó la bocina y fuimos con ella.

— Debo decirle con toda sinceridad que nos sentimos sobrecogidos cuando llegamos a la iglesia. Jamás habíamos visto un lugar semejante. Su gran tamaño nos intimidaba. Sin embargo, lo que más nos alarmó fue el ruido. Jamás habíamos visto que las personas oraran y alabaran a Dios en voz alta, y que dieran palmadas.

— Una vez terminado el servicio, cuando ya habíamos regresado a casa, le dije a mi esposa: "Creo que es una magnífica iglesia, pero demasiado ruidosa. Además, me pareció que algunas de las personas estaban histéricas; no creo que debamos regresar allí."

Aunque no se daban cuenta en aquel momento, ya nuestro sistema de grupos familiares los había hecho "morder el anzuelo". A la semana siguiente la dirigente del grupo fue a su casa y los invito de nuevo a que fueran a la reunión. Luego añadió: — Los volveré a recoger el domingo para ir a la iglesia.

— Tratamos de excusarnos — dijo el esposo —, pero de manera muy fina ella se negó a aceptar nuestras excusas. Por consiguiente, todas las semanas íbamos a las reuniones del grupo y a la iglesia con la dirigente. Sin embargo, no dejábamos de sentirnos acorralados e incómodos. Nos sentíamos tan acosados, que decidimos vender la casa y trasladarnos a otro lugar.

Llamaron a un agente de bienes raíces, vendieron su casa y salieron del barrio sin que la dirigente del grupo lo supiera. Fueron a vivir a un lugar apartado de la ciudad, y el marido le dijo a su esposa: — Por fin nos veremos libres de esa señora.

A la semana siguiente, cuando la dirigente fue a invitarlos a la reunión del grupo, se encontró con una casa vacía. No obstante, no se dio por vencida. Fue al ayuntamiento y buscó la nueva dirección, la copió y se la llevó al departamento pastoral de la iglesia. Los empleados ubicaron la nueva dirección y se la pasaron a la dirigente del grupo de ese sector.

— No podía creerlo — me dijo el esposo —. Allí estábamos el viernes por la noche disfrutando de nuestra libertad, cuando tocaron a la puerta. La abrí, y me encontré con una señora que me dijo: "Bienvenidos a nuestra zona. Soy la dirigente del grupo familiar de la Iglesia Central del Evangelio Completo, y ustedes han sido transferidos a mi zona. Esta noche vendremos a su casa para celebrar."

— Vinieron y celebraron un servicio en nuestra casa. Una vez más cantamos y oramos y el grupo oró por nosotros en nuestra nueva casa. Una vez terminado el servicio, cuando todos se habían retirado, le dije a mi esposa: "¿Qué vamos a hacer? ¡Para escaparnos de esa iglesia tendremos que emigrar a América o al cielo!"

— Entonces me dijo mi esposa: "Bien, si no podemos esquivarlos, nuestra única alternativa es unirnos a ellos."

— Así fue como al domingo siguiente vinimos a la iglesia, y batimos las palmas y gritamos, como todo el mundo. Ahora somos verdaderos miembros de la iglesia.

Desde entonces ese matrimonio se ha convertido en un verdadero pilar de nuestra congregación, y eso sólo se debió a la perseverancia de las dirigentes de grupo. (Debo añadir que todo se hizo de manera muy delicada, y que en ningún momento se sintieron ofendidos en lo más mínimo. En realidad, estoy convencido de que durante todo ese tiempo se hallaban bajo la convicción del Espíritu Santo. No sólo trataban de abandonar nuestra iglesia o a nuestra dirigente de grupo, sino que, en realidad, trataban de escapar de Dios. Cuando se dieron cuenta de que les era imposible escapar de El, se dieron por vencidos.)

No todas las dirigentes son tan perseverantes, por supuesto, y no todas tienen tanto éxito en persuadir a los incrédulos a que vayan a las reuniones. No obstante, tenemos suficiente éxito para que nuestra iglesia continúe creciendo.

Debemos hacer que los pecadores vengan a nuestras iglesias y conozcan a Cristo Jesús; necesitamos que sean salvos. Una vez que hayan venido, nunca los debemos dejar ir. Como único puede un miembro abandonar la iglesia es si se hace miembro de otra, o si pasa a mejor vida.

En nuestra iglesia, me es imposible establecer contacto personal con los ciento cincuenta mil miembros. Sin embargo, por medio de los dirigentes de grupo, me mantengo en comunicación con ellos y puedo cerciorarme de que todos reciban la atención, la disciplina y el alimento espiritual que necesitan, y de que se les corrija de manera adecuada en caso necesario.

Esa es la razón por la cual en nuestra iglesia tenemos una verdadera evangelización. Nuestros entusiastas dirigentes traen a diario personas sin fe a la iglesia, y una vez que las han atraído, satisfacen sus necesidades de tal manera que son pocas las que se pierden por la "puerta trasera".

7 / Un nuevo tipo de misionero

Después de todo lo anterior, debe ser obvio que el sistema de grupos familiares de la Iglesia Central del Evangelio Completo es algo que puede funcionar en cualquier lugar. Y lo que es más, ¡funciona! Funciona en otras iglesias que han adoptado el programa y en las iglesias misioneras fundadas por ministros de nuestra propia congregación, tanto en Corea como en otros países.

Desde que la Iglesia Central del Evangelio Completo se dio a conocer por su crecimiento acelerado mediante el sistema de grupos familiares, se me ha invitado a hablar en reuniones y conferencias celebradas en el mundo entero. Muchas iglesias han estado perdiendo miembros. O bien, si no los pierden, no crecen. Todos desean saber cómo invertir el presente estado de cosas.

Hace algunos años, las Asambleas de Dios de Australia me invitaron a hablar sobre el crecimiento de la Iglesia. A mi llegada, los dirigentes de la denominación que me recibieron en el aeropuerto, me advirtieron que no debía esperar que las reuniones fueran muy concurridas.

— A los australianos ya no les gusta ir a la iglesia — se me dijo —. Son mundanos. La tierra de Australia es rica en minerales, y muchos han prosperado sin tener que trabajar duro. En la actualidad, les interesan más los placeres del mundo, que Dios.

Lo que pude observar durante el trayecto del aeropuerto al lugar donde debía hospedarme, me confirmó lo que me decían. La prosperidad estaba en pleno florecimiento. Es más, todo parecía indicar que los australianos vivían mejor que los norteamericanos. Se comprendía que los funcionarios de la Iglesia no tuvieran mucha fe en cuanto a que nuestros principios de crecimiento funcionaran; sin embargo, deseaban escuchar lo que yo les dijera al respecto.

Al llegar al hotel donde había de hospedarme, comprendí que me era necesario infundir alguna fe en aquellos australianos. En nuestro trayecto, habíamos pasado frente a los hoteles Sheraton y Hilton. Cuando el coche se detuvo, no podía creer lo que veían mis ojos. ¡Era la YWCA (*Young Women Christian Association*, Asociación Femenina Cristiana de Jóvenes)! Pronto me di cuenta de que era el único huésped varón en el lugar. Cuando entré al vestíbulo, todas las jóvenes tenían sus ojos puestos sobre mí, y me sentí como un animal en el zoológico. Más tarde, al ir al restaurante, también era el único varón.

De inmediato sentí compasión por aquellos funcionarios de la Iglesia. Por ahorrarse unos cuantos dólares, me habían alojado en la

YWCA. Habían predicado y orado, y llevado a cabo toda clase de campañas de evangelización, sin éxito alguno. No era de extrañar que su fe fuera tan débil.

Fui a la cocina para llamar a Corea y hablar con mi esposa. Ella me preguntó: — ¿Dónde estás? ¿Cómo puedo comunicarme contigo?

— No puedes comunicarte conmigo — le dije —. Estoy en la cocina de la YWCA, y estoy rodeado de jovencitas por todos lados.

— Sal inmediatamente de ese lugar y búscate otro hotel — exclamó.

— No puedo hacerlo — le dije —. No deseo herir los sentimientos del comité que me trajo aquí.

Desde la primera noche empecé a hablarles a los funcionarios de la Iglesia, sobre la fe y su crecimiento. Hice especial hincapié en la necesidad de fijarse metas, a base de la experiencia de mi propia iglesia, y les describí nuestro sistema de grupos familiares.

— ¿De qué manera podríamos nosotros fijarnos metas como las que usted describe? — me preguntó uno de los ministros —. Durante los últimos diez años sólo ha habido un dos por ciento de crecimiento en las Asambleas de Dios de toda Australia.

—¿Dos por ciento? — pensé —. ¡Vaya! Eso no puede llamarse crecimiento; es una disminución. El incremento de la iglesia y de la población ni tan siquiera van a la par. Por tanto, dado el tamaño de la población actual, hoy tienen, en proporción, menos miembros que hace diez **años.**

Por consiguiente, les dije: — Si ustedes no empiezan ahora a fijarse metas y a aplicar los principios de crecimiento por medio del sistema de los grupos familiares, las Asambleas de Dios están llamadas a desaparecer de Australia.

Luego le pedí a cada ministro que se fijara una meta antes de clausurarse la conferencia. Subrayé la necesidad de poner en práctica los principios de fe, y los insté a formar los grupos familares.

Me complace informar que los ministros aceptaron mis principios y que tuvieron éxito. Durante los tres años siguientes, el número de miembros de las Asambleas de Dios aumentó en un ciento por ciento en Australia. ¡Estaban maravillados! Durante los diez años anteriores, sólo habían crecido en un dos por ciento mediante las normas tradicionales de evangelización. Sin embargo, al poner en práctica nuestros principios para el crecimiento de la Iglesia, habían duplicado el número de sus miembros en sólo tres años. En la actualidad, las Asambleas de Dios de Australia se propagan como un reguero de pólvora.

Actualmente, le dedico el sesenta por ciento de mi atención al Japón. Muchos pastores y misioneros creen que el Japón está muerto. Los pastores japoneses están descorazonados. En realidad, si un ministro japonés tiene una congregación de treinta o cuarenta miembros, puede vanagloriarse como un pavo real. Algunos pastores sólo logran tener unos veinte durante toda su vida. Es fácil comprender que una vez que tienen asegurado un salario, muchos de ellos caen en una rutina cómoda y desisten de su empeño de evangelizar.

Cuando hace dos años celebré una conferencia en el Japón sobre el crecimiento de la Iglesia, y les hablé de la necesidad de fijar metas, se me dijo: — Aquí no hay necesidad de fijarse metas. Estamos en el Japón. Usted encontrará aquí muy pocas iglesias que cuenten con más de cien miembros. En el Japón, una iglesia de quinientos miembros es una gran iglesia.

Se negaron a escucharme. — Sí, las iglesias crecerán en Corea, en los Estados Unidos y en Australia, pero eso no es posible en el Japón.

Por último me sentí exasperado, y les dije: — Les voy a probar que están errados.

Debo mencionar que los coreanos son despreciados en el Japón. Nuestro pueblo estuvo bajo la dominación japonesa durante la Segunda Guerra Mundial, hasta que fuimos liberados por los norteamericanos. Durante treinta y seis años habíamos sufrido la ocupación japonesa. Por tanto, los japoneses llegaron a considerarse un pueblo superior, y miraban a los coreanos como inferiores.

Además, en el Japón, como en todo el Oriente, la mujer está subordinada al hombre, y éste la trata como inferior. En realidad, las mujeres no tienen un lugar en el ministerio en el Japón.

No obstante, estaba tan decidido a probar que mis principios funcionaban en el Japón, que regresé a Corea y escogí a una de las mujeres del personal de la iglesia para que fuera al Japón como misionera. En realidad, escogí a una señora que no sobresalía gran cosa entre el resto de nuestros ministros y le comuniqué que la enviaría al Japón. Me sorprendí cuando me respondió que ya ella había sentido el llamado de ir al Japón.

Así que le dije: — Usted bien sabe que los japoneses nos desprecian. Además, usted es mujer. Tendrá grandes dificultades. Sin embargo, la voy a enviar al corazón del centro comercial de Tokio, y la reto a que funde una iglesia que crezca hasta tener mil miembros. Deseo que usted alcance su meta en un período de cinco años. Ponga en práctica todos los principios de crecimiento de la Iglesia que ha aprendido.

— Y si no alcanza su meta — le dije —, no regrese a Corea.

Kamikaze, pensé.

De eso hace dos años. Aquella señora llegó al Japón con un objetivo de doscientos miembros el primer año. Organizó su primera reunión de grupo y se dedicó a buscar a las personas necesitadas. Sin embargo, la mayoría de los japoneses se reían de ella. Era como habíamos pensado. La miraban una vez y decían: — Es coreana, y además, es mujer. ¿Quién la va a escuchar?

No obstante, nosotros teníamos fe y orábamos por ella. Entretanto, ella ayunaba y oraba. Al finalizar su primer año en el Japón, fui a hacerle una visita y a celebrar algunas reuniones. ¡Qué alegría la mía al ser recibido en la nueva iglesia! Había sobrepasado su meta, y contaba con doscientos cincuenta miembros, entre japoneses y coreanos.

La había enviado al Japón con seis meses de salario, pero a mi llegada un año después, me dio una ofrenda de dos mil dólares de su congregación para el fondo del edificio de la iglesia madre de Seúl. Había alquilado un local con cabida para cien personas en un edificio de oficinas, y todos los domingos celebraba tres servicios. Hacia fines de 1980 esperaba tener unos quinientos miembros. Estoy convencido de que no tendrá dificultad alguna en alcanzar la meta de mil miembros en cinco años.

Cuando prediqué en su iglesia, me sentí complacido de ver hombres de negocios japoneses y señoras, todos muy bien vestidos y de educación esmerada, que llegaban a la iglesia para asistir a uno de los tres servicios del domingo. Su entusiasmo es fantástico.

Ahora, cuando voy al Japón para asistir a las conferencias de ministros, me estiro lo más posible para parecer más alto, echo los hombros hacia atrás y les digo: — Muy bien, la tarea de fijar metas para las iglesias del Japón, que ustedes consideraban imposible, se ha realizado en sólo un año, y la ha llevado a cabo una *mujer*, y *coreana* además. Ahí está, en el propio corazón del centro comercial de Tokio, y cuenta con doscientos cincuenta miembros. Es una de las iglesias cristianas más importantes de la ciudad. Debía darles vergüenza.

Todos bajan la cabeza, porque saben que tengo razón.

En la actualidad, muchas de las iglesias del Japón empiezan a "arder", gracias a una misionera coreana de nuestra iglesia. Los hombres japoneses no están dispuestos a perder su prestigio. Piensan que si una mujer puede hacerlo, y hacerlo bien, los hombres pueden hacerlo mejor. Esa es la forma de pensar de los orientales.

Por tanto, debe ser obvio que, con el sistema de los grupos familiares, puedo enviar un misionero a cualquier parte del mundo y éste puede fundar una iglesia. Todo lo que tiene que hacer es buscar dónde se encuentran los necesitados, amarlos y ayudarlos, y pronto tendrá el núcleo necesario para establecer un grupo familiar. Cada grupo crece y se divide, y la iglesia no tarda en aparecer.

Este sistema ha funcionado muy bien en Corea. Además de nuestra propia iglesia con sus diez mil grupos familares, nuestros miembros han fundado otras cincuenta y cinco iglesias por todo el país. Hoy funcionan como iglesias económicamente independientes dentro de la denominación de las Asambleas de Dios, y todas crecen mediante el sistema de los grupos familiares.

Nuestras iglesias misioneras han ido surgiendo también por todo el mundo. En la actualidad, hay más de cincuenta iglesias fundadas por nuestros miembros fuera de Corea, y más de cuarenta de ellas se encuentran en América del Norte y América del Sur. La más importante de estas iglesias se encuentra en la ciudad de Nueva York, con una congregación de más de quinientos miembros. También contamos con diez iglesias en Europa.

En su gran mayoría, esas iglesias se fundaron para cubrir las necesidades de la comunidad coreana local. Muchos coreanos han emigrado a los Estados Unidos, Europa y Sudamérica. Algunos de ellos habían sido miembros de nuestra iglesia en Corea, habían oído hablar de ella, o habían asistido a una de las iglesias misioneras que forman parte del programa de superación de la Iglesia Central del Evangelio Completo. Sienten la necesidad de tener iglesias en sus propias comunidades, y nos piden que enviemos a una persona que los guíe.

En cada uno de esos casos he enviado un misionero. Siempre ha sido alguien que ha hecho sus estudios en la escuela bíblica y que se ha formado en nuestra propia iglesia hasta el nivel del ministerio. Me aseguro de que tengan por lo menos tres años de experiencia antes de enviarlos. Una vez que están listos y hay un llamado, les entrego su sueldo de seis meses a un año, y los envío a fundar una iglesia.

En todos los casos, la cantidad de dinero que les he entregado ha sido suficiente. Después de transcurridos seis meses a un año de establecidas, cada una de las iglesias misioneras es económicamente independiente. No tengo que continuar enviándoles dinero continuamente, como lo han hecho algunas iglesias y denominaciones de occidente con sus misioneros. Las propias congregaciones locales proporcionan todo lo necesario, incluso el sueldo del misionero.

8 / LA IGLESIA DEL MILAGRO

He explicado con anterioridad que el crecimiento de nuestra iglesia se fundamenta en el establecimiento de metas y en los grupos familiares. Hasta la fecha, he superado las metas que he establecido. A principios de 1980 teníamos cien mil miembros en la Iglesia Central del Evangelio Completo. Ahora he fijado una meta de quinientos mil miembros para el año de 1984, cuando celebraremos el centenario del cristianismo en Corea.

Al enterarse de que había fijado una meta de quinientos mil miembros para 1984, muchos me preguntaron: — ¿Va usted a iniciar una campaña intensiva? ¿Va a tener un programa para ganar almas, que abarque toda la ciudad?

No necesito ninguna de esas cosas, porque tengo una forma de evangelización totalmente diferente. Antes de conocer el sistema bíblico para evangelizar, pensaba que lo único que tenía que hacer era tener una grandiosa reunión de avivamiento con toda clase de oradores y programas especiales. No obstante, con el sistema de los grupos familiares, no necesitamos programas especiales, puesto que, sin mayor esfuerzo, tenemos avivamiento todos los días.

Para dar un ejemplo de cómo funciona el avivamiento en nuestra iglesia, permítame volver a junio de 1980. En aquella fecha, nuestra congregación constaba de ciento veinte mil miembros. Teníamos ocho mil grupos familiares. Hacía escasamente seis meses que habíamos fijado una meta de treinta mil miembros nuevos para 1980. Sin embargo, en menos de seis meses nuestra congregación de cien mil miembros había crecido a ciento veinte mil, dos tercios de nuestra meta. Por tanto, aumentamos la meta para 1980 a ciento cincuenta mil. Les informé a los grupos familiares que durante el resto del año cada uno de ellos sólo debía alcanzar a una familia para Cristo.

Eso significaría que con ocho mil grupos tendríamos ocho mil familias más al terminar el año. El número promedio de miembros de cada familia es cuatro. Por tanto, al traer ocho mil familias más a nuestra iglesia, el número de miembros nuevos ascendería a treinta y dos mil durante los últimos seis meses de 1980.

¡Qué avivamiento tan maravilloso!. . . Sin alboroto, sin ejercer presión, sin hacer publicidad. Mi única labor es motivar la actuación de los dirigentes de grupos. A cada grupo se le pide traer una sola familia a Cristo. Eso no es difícil. Las diez o quince familias de cada grupo familiar escogen una familia no creyente y empiezan a orar por ella y a dar testimonio ante ella. No es difícil comprender que muchos de esos grupos traigan más de una familia a Cristo — en realidad, traen dos o tres — durante ese período.

Por tanto, bien puede comprenderse por qué terminamos el año de 1980 con ciento cincuenta mil miembros y diez mil grupos familiares. Ahora he aumentado la meta para 1981. . . Cuatro familias por grupo. Eso significará ochenta mil miembros nuevos durante los primeros seis meses del año y otros ochenta mil durante los últimos seis. Para fines de año tendremos trescientos diez mil miembros. Es obvio que alcanzaremos un total de quinientos mil miembros para 1984: sin problemas, sin alboroto, sin el estímulo de la televisión, sin la distribución exagerada de tratados. Unicamente con el contacto de persona a persona mediante los grupos familiares.

Debido al funcionamiento de este sistema, no debe haber períodos de poco movimiento en el crecimiento de la iglesia. Son muchas las iglesias cuyas congregaciones aumentan hasta los quinientos o mil miembros, para luego estancarse. No se trata de que no hay en la zona más personas que traer a Cristo; lo que sucede es que el ministro se siente satisfecho y pierde el entusiasmo por el evangelismo. Por consiguiente, la labor del Espíritu Santo empieza a enfriarse.

Sin embargo, cuando los grupos familiares están encargados de evangelizar, la iglesia puede continuar creciendo y prosperando, sean cuales sean las circunstancias que la rodeen. En la actualidad tenemos un problema con el petróleo debido a la situación en el Cercano

Oriente. Cuando la escasez de petróleo es seria en algún lugar, y el transporte público es insuficiente, la asistencia a la iglesia disminuye, a menos que los miembros vivan en las inmediaciones de ésta.

Eso no constituye problema para nuestra iglesia, puesto que cuando las personas no tienen medios de transporte para venir a la iglesia los domingos, se les ministra en las reuniones del grupo, y siguen siendo tan miembros de la iglesia como si asistieran a ella todos los domingos. Cuando se trata de reuniones más grandes, varios grupos familiares del distrito pueden reunirse para un culto en su propia zona, y el pastor del distrito se encarga de la prédica. Allí celebran su servicio y ofrendan para la iglesia madre. Si la escasez de petróleo se prolonga, puedo hacer "videocassettes" de mi mensaje para exhibirlos en las reuniones de oración de los distritos.

Si alguna vez hubiera una guerra en Corea, y los comunistas se apoderaran de Seúl, una de las primeras medidas que tomarían sería clausurar las iglesias y asesinar a los pastores. Si yo hubiera construido mi iglesia alrededor de mi persona, ésta se vendría abajo en el preciso momento en que se me prohibiera ejercer autoridad sobre ella. Sin embargo, dada la estructura de nuestra iglesia, es imposible destruirla. Si vinieran los comunistas, destruyeran el local de la iglesia y me asesinaran, todos los miembros de la iglesia pasarían a la clandestinidad. Sí, es posible que los comunistas encuentren y eliminen algunos de los grupos familiares; quizá cientos de ellos. No obstante, jamás podrán encontrar y destruir a los diez mil grupos. La iglesia perdurará y continuará funcionando de manera clandestina.

En China, la Iglesia ha sobrevivido porque ha hecho así las cosas. (Mi ministerio radial me ha proporcionado bastante información sobre China.) En ese país hay en la actualidad pocas iglesias "lícitas" visibles, y éstas están, en realidad, bajo el dominio del gobierno comunista. En ellas, los pastores no pueden predicar el Evangelio completo.

Sin embargo, en China, la Iglesia no se encuentra únicamente en esos contados edificios visibles, ya que hay millares y millares de grupos familiares por todo el país, muy parecidos a los grupos familiares de nuestra iglesia. Es imposible conocer de inmediato a los miembros de los grupos familares, puesto que éstos no se dan a conocer a los forasteros. La única manera de conocerlos es a través de un intermediario. Una vez que la persona los conoce, la recibirán con gran regocijo. Sé de millares de esos grupos cristianos en la zona de Cantón, entre los cuales hay algunos con más de quinientas personas.

Cuando conocí a los miembros de esas iglesias chinas por vez primera en una de mis visitas a Hong Kong, lo primero que me pidieron fueron Biblias, así como cintas magnetofónicas y grabadoras. Me preguntaron: — ¿Disfrutan las iglesias del resto del mundo de esta bendición plena del Espíritu Santo que tenemos nosotros en China?

La mayoría de las iglesias chinas fueron fundadas por el Espíritu Santo. La gente jamás había visto u oído a un misionero, puesto que el gobierno comunista chino había eliminado de la vida pública el cristianismo con gran resultado, durante sus treinta y tantos años en el poder. Sin embargo, la mayoría de los conversos eran personas menores de treinta y cinco años de edad.

Algo más que aprendí acerca de los grupos familiares-iglesias de China, fue que el noventa y nueve por ciento de los dirigentes son mujeres. Estas asumieron la dirección cuando los hombres temían identificarse como cristianos.

Las iglesias de China son iglesias florecientes, aun sin estar bajo la dirección de una iglesia madre, sin pastores ni misioneros entrenados, y sin denominaciones. La vida se transmite de un grupo a otro. Su experiencia demuestra que el sistema de los grupos familiares es la respuesta para las iglesias en estos últimos días.

En una era de crisis económica, ¿cómo puede una iglesia realizar el ministerio de persona a persona cuando el número de miembros es tan crecido como el de la Iglesia Central del Evangelio Completo? Una vez más la respuesta es la misma: los grupos familiares. En esos grupos, los miembros se preocupan verdaderamente unos por otros. Cuando alguien no tiene trabajo ni ingresos, los demás miembros del grupo lo ayudan a cubrir sus necesidades. La preocupación que demuestran los miembros de nuestros grupos familiares, va más allá de un afecto superficial. Es, en verdad, el amor en acción. Nuestra gente hace más de lo necesario, y hasta se sacrifica, para cubrir las necesidades de un hermano o hermana. Es algo así como la Iglesia de la era apostólica, cuando los miembros compartían todos sus bienes materiales.

Cuando las personas observan lo que sucede en nuestros grupos familiares, y observan además cómo todos los creyentes se tienen un amor verdadero, se sienten atraídas a los grupos. Encuentran en ellos tanta seguridad, que jamás desean abandonarlos.

Como he observado antes, este sistema de grupos familiares no depende de una persona. En nuestra iglesia no depende de mí. Depende del ministerio del Espíritu Santo, porque es Él quien les imparte la energía necesaria a los dirigentes. Si yo dejara la iglesia, creo que ésta no perdería más de unos tres mil miembros de entre sus ciento cincuenta mil. Esos miembros no tienen su confianza puesta en mí; confían los unos en los otros, y todos en el Espíritu Santo.

La crisis económica, la escasez de petróleo, la persecución; nada de eso podrá afectar a mi iglesia, puesto que continuará creciendo, siempre y cuando sus miembros sigan fieles a los principios que les he mostrado.

9 / AUTORIDAD CON AMOR

Cuando fundé mi iglesia en Corea, ésta no era sino una pequeña misión de las Asambleas de Dios bajo una tienda de campaña. Hoy día es la congregación cristiana más importante del mundo. Hemos logrado ese desarrollo dentro de la estructura de la denominación de las Asambleas de Dios.

Digo esto para subrayar algo importante. El tamaño, la fortaleza y la influencia de nuestra congregación no hacen de nuestra iglesia una entidad aislada del resto de la Iglesia de Cristo Jesús, ni tampoco de una denominación. Estamos en comunión total con la Iglesia universal y con nuestra denominación. No obstante somos, por sobre todas las cosas, una iglesia local.

Por las descripciones que se hacen de nuestra iglesia aquí y también en otras partes, no sería de extrañar que alguien se preguntara si en verdad estoy formando mi propia denominación, o si mis principios son aceptables para el resto de la Iglesia. Me complace confesar que no hay división ni falta de aceptación en ninguno de los casos. Estoy demostrando que el sistema de los grupos familiares funciona *dentro* de las iglesias locales y *dentro* de las denominaciones establecidas.

En el pasado se han establecido muchos grupos familiares fuera de la iglesia local y fuera de las denominaciones establecidas. Con frecuencia, esos grupos han surgido de la renovación carismática que se ha extendido por las iglesias durante los últimos veinte años. Los cristianos que recibían el bautismo en el Espíritu Santo encontraban que no se les comprendía en sus propias iglesias, y de ahí que buscaran comunión e instrucción en esos grupos y en las iglesias pentecostales.

Con el tiempo, algunos de los grupos (aunque no la mayoría) empezaron a tener conflictos con las iglesias y a restarles autoridad. Los miembros de los grupos se "sometían" a la autoridad de sus dirigentes, más que a la de sus propios pastores (quienes por regla general no los comprendían). De ahí surgió la controversia entre "discipulado" y "pastoreo".

En algunos casos, esos grupos independientes esclavizaron a muchos cristianos. Nadie podía tomar una decisión a menos que la confirmaran los ancianos del grupo. Se hacía desistir de la comunicación personal con el Espíritu Santo, a medida que los que llevaban el mando ejercían mayor control sobre la vida particular de los miembros. Llegaban a decirles hasta con quién debían casarse y, a los más jóvenes, si podían relacionarse con sus padres "no creyentes".

Huelga decir que algunos de esos grupos se convirtieron en realidad en pequeñas sectas. Se destrozaron innumerables vidas y se arruinaron muchas relaciones. Con esto no quiero decir que esa sea la consecuencia lógica de la existencia de grupos familiares independientes. Muchos de ellos han podido proporcionarles una buena forma de fraternidad a los cristianos que han preferido permanecer en sus propias iglesias y continuar sometiéndose de manera voluntaria a la disciplina de éstas. Además, por supuesto, algunos de esos grupos independientes se convirtieron en magníficas iglesias carismáticas. Los que se descarriaron fueron una clara minoría.

No tengo la respuesta en cuanto a cómo evitar que dentro de esas circunstancias surja una secta. En realidad, tampoco la Biblia tiene la respuesta, pues es obvio que cierto número de ellas surgieron durante la época del apóstol Pablo. Todo depende del dirigente y de las circunstancias. Una combinación equivocada de esos factores puede tener serios resultados para la Iglesia. Esta es la razón por la cual es tan importante que los dirigentes deban rendir cuentas ante otras personas constituidas en autoridad, bien sea dentro de una denominación o de una comunidad de pastores fuera de su propia iglesia local.

Mi sistema de grupos familiares y la Iglesia Central del Evangelio Completo surgieron dentro de la denominación de las Asambleas de Dios. Aún debo rendir cuentas ante el superintendente general de Corea y, a pesar de que mis relaciones con él son muy satisfactorias, no siempre estamos de acuerdo en todo. Sin embargo formamos parte de una sociedad de trabajo y de amor fundada en el respeto mutuo. Nuestro objetivo es la unidad. De vez en cuando ha habido personas que me han instado a retirarme de las Asambleas de Dios y a convertir mi iglesia en una iglesia independiente. Me dicen que tendría más libertad de acción sin tener que dar cuenta a nadie. Sin embargo, jamás me he puesto a considerar esas sugerencias, porque creo en la necesidad de la unión. Además, creo que debemos promover siempre la unidad del Cuerpo de Cristo, y rechazar todo lo que tienda a dividir a la Iglesia.

Cuando una iglesia local se retira de su denominación, es un mal ejemplo para la Iglesia y para el mundo, pues eso hace que, al ser interpretadas esas divisiones como una falta del amor que predicamos, las personas duden del cristianismo.

Todos esos factores contribuyen a mantenerme humilde, pues sé cuánto necesito a los demás líderes de las denominaciones. Necesito su amor y su afectuosa censura. Necesito ser franco con ellos, y tener mi iglesia y mis libros de contabilidad abiertos para que los inspeccionen. De esa manera, nada sospechoso se hace en secreto. Por consiguiente, me siento seguro en mi puesto.

Por tanto, con la anuencia de los ancianos y de los dirigentes de la denominación, los grupos familiares deben funcionar en cualquier iglesia local de cualquier denominación, si se observan los principios que expongo en este libro. Los grupos familiares deben estar integrados al programa general de la iglesia local, y su influencia no debe ir más allá de los límites de ésta. Debemos convertir en discípulos a los miembros de nuestra propia iglesia, y no a los miembros de otra.

El programa de discipulado, que surgió de los grupos familiares independientes, se convirtió en realidad en lo que podría llamarse un robo de ovejas. Ningún pastor respetable puede aceptar esto. Carece de ética. En realidad, cuando los miembros salen en busca de personas no creyentes a quienes ayudar e invitar a nuestas reuniones de grupos, les advierto de manera terminante que eviten a los que ya pertenecen a otras iglesias. No nos interesa llenar nuestra iglesia con personas ya convertidas. (Por supuesto, si alguien se retira de su iglesia espontáneamente y viene a la nuestra o a nuestros grupos familiares, porque su propia iglesia no llena sus necesidades espirituales, eso es otra cosa. Sin embargo, nosotros no vamos en busca de los miembros de las demás iglesias.) En Corea, los creyentes a menudo exhiben en las puertas de sus casas una cruz roja que los identifica como cristianos. Cuando nuestros miembros ven ese símbolo, saben que la persona que está detrás de esa puerta es un hermano que pertenece a otra iglesia, y no lo molestan.

La iglesia local es la fortaleza del cristianismo. Los grupos familiares contribuyen a esa fortaleza. Todo lo que menoscabe la fortaleza de la iglesia local debe evitarse. Eso incluye algunos de los ministerios secundarios que en ocasiones le restan dinero y energía a la iglesia. Si un ministerio secundario de la iglesia local contribuye a darle fortaleza, debe alentarse y apoyarse. Sin embargo, si debilita a la iglesia local, no se le deben dar aliento ni apoyo. La iglesia local es la que conserva la fe y el cristianismo.

También me gustaría señalar que, a pesar de que la estructura de nuestra iglesia es muy sólida, sus miembros tienen verdadera libertad de acción. Como mencionara anteriormente, uno de los problemas de los grupos familiares consiste en que algunos de ellos han ejercido demasiado control sobre sus miembros. Eso es un error. En nuestra iglesia, los dirigentes de grupo están para supervisar el desarrollo espiritual de los miembros, y para alentarlos a formar comunidades y a evangelizar. Sin embargo, jamás han de inmiscuirse en los asuntos personales de los miembros. Esa no es la misión de la Iglesia. A cada miembro debe alentársele y enseñársele a confiar en el propio Espíritu Santo en cuanto al desarrollo de su vida de fe. Yo nunca les pido a los miembros que dependan de los dirigentes de grupo, porque eso sería tan execrable como el comunismo o los moonies. Todo lo que destruya la independencia personal y la personalidad del individuo, procede del demonio. Dios no nos creó para que fuéramos marionetas. El nos dió una personalidad que debemos desarrollar para convertirnos en hijos e hijas que vivan en comunión con El. Nuestros grupos familiares están llamados a promover esa comunión.

En nuestra iglesia hay "autoridad con amor". Si un pastor ama de veras a los miembros de su congregación, éstos respetarán su autoridad y obedecerán sus enseñanzas. Pero si el pastor trata de ejercer su autoridad valiéndose exclusivamente de su posición o de maquinaciones humanas, la gente se rebelará contra él y se verá en serias dificultades.

Los miembros de la Iglesia Central del Evangelio Completo me obedecen, porque saben que los amo de veras. Si cometo algún error, lo confieso ante todos y les pido que oren por mí. Cuando un pastor puede ser tan franco con su congregación, los miembros lo respetarán y lo obedecerán. En el cristianismo, toda autoridad debe fundarse en el amor, de la misma manera que la autoridad de Dios sobre nosotros se funda en el amor.

Hoy día muchos cristianos no respetan a sus pastores o su autoridad. Eso no es correcto. El pastor ha sido ungido por Dios para guiar a las ovejas, pero para que éstas lo sigan sin reserva alguna, debe demostrar al guiarlas, el verdadero amor de Cristo.

Hace poco aprendí una lección acerca de lo que significa no concederles a los miembros la importancia debida (demostrando así mi falta de amor). Uno de nuestros ancianos me informó que otro anciano había dicho: — Yo no estoy en completo acuerdo con todos los principios de gobierno del pastor Cho en la iglesia, pero los acepto porque sé que él me ama de veras.

Además, sé que hace todo esto en beneficio nuestro.

Me sentí complacido con la lealtad de aquel hombre, y al mismo tiempo, molesto de que no me hubiera comunicado cuáles eran los principios con los que él no estaba de acuerdo. Cuando por fin le mencioné el asunto, me dijo:

— Usted nunca me consultó cuando me nombró jefe de la junta de misiones para Europa. Sabía que yo lo aceptaría, pero no me lo pidió.

Tenía razón. Había dado por sentado que aceptaría. — Por favor, perdóneme — le dije — Había dado por sentados su amor y su obediencia.

Reaccionó positivamente de inmediato, y aquel día aumentó su confianza en mí. A mi vez, tuve más respeto por él, y su franqueza sirvió para establecer una relación más estrecha aún entre nosotros. Cuando las personas saben que el pastor admite sus propios errores y los trata con honradez, no pueden menos que reaccionar de manera favorable.

10 / LA ORGANIZACIÓN INTERNACIONAL PARA EL CRECIMIENTO DE LA IGLESIA

Desde 1964, cuando se me invitó a participar en el Consejo General de las Asambleas de Dios en Springfield, Missouri, he venido hablando de los principios de crecimiento usados en mi iglesia. En realidad, ese fue el año en que comenzaron mis viajes, a pesar de mi enfermedad y de mi debilidad en aquel entonces. Entre 1964 y 1973 estuve fuera de Corea por lo menos tres meses al año. Viajé sobre todo a Japón, las Filipinas y Taiwán para hablar sobre los grupos familiares y el desarrollo de la Iglesia.

Después de nuestro traslado a la isla Yoido en 1973, nuestra iglesia empezó a ser conocida. Ese fue el año en que Billy Graham celebró su gran cruzada en Seúl, y la Conferencia Pentecostal Mundial se reunió en nuestra iglesia. Además, al año siguiente, la Cruzada Estudiantil y Profesional para Cristo auspició una conferencia importante en Seúl.

Con tantos acontecimientos cristianos que se celebraban en Seúl, nuestra iglesia se convertía cada vez más en una atracción internacional. No había día en que no recibiera invitaciones para visitar América, Europa, Australia y el sudeste de Asia, y para hablar sobre el crecimiento de la Iglesia.

A partir de 1973, comencé a ausentarme de Corea hasta seis meses al año. Me sorprendía que la mayoría de las invitaciones procedieran de Europa. Se me inivitó hablar en Alemania Occidental, Francia, Suiza, Noruega, Dinamarca, Suecia, Inglaterra, Italia y Portugal. Los libros que continuaba escribiendo habían tenido éxito en Alemania, Suecia y Finlandia. Se me conocía más en Europa que en América.

En uno de mis viajes durante el año de 1976, al terminar una serie de seminarios muy concurridos en Alemania, oraba en mi asiento a bordo de un avión de la *Lufthansa*. Le daba gracias a Dios por los maravillosos momentos que había compartido con las demás personas; en realidad, me sentía en íntima comunión con el Espíritu Santo.

De repente sentí en mi corazón una fuerte sensación de que estaba recibiendo profecía, y que el Espíritu Santo me decía: — *Cuando regreses a Seúl, deseo que fundes un centro internacional de entrenamiento para el crecimiento de la Iglesia, al que puedas invitar a pastores de todas las partes del mundo. Estás haciendo una buena labor al llevar este mensaje por todo el mundo con tus seminarios, pero* deseo multiplicar el número de pastores que aprendan esos principios. La manera más eficaz de hacerlo, es que ellos comprueben por sí mismos lo que tú estás haciendo en Seúl. Funda un centro de formación, donde ellos vengan a aprender de ti y se den cuenta de cómo funciona tu iglesia. Esa es la mejor manera de infundirles el entusiasmo debido para que lleven esa dimensión de la evangelización a su propio ministerio.

Me sentí profundamente conmovido. — ¿Cómo puede ser eso, Señor? — pregunté —. Pertenezco a un país del Tercer Mundo. Somos, para los cristianos de occidente, un país al cual se "envían misioneros". Por supuesto que un centro de formación de esa índole debe construirse en los Estados Unidos o en Europa.

No obstante, el pensamiento persistía; lo tuve en la mente durante todo el viaje de regreso a Corea. Después, cuando estaba ya en mi hogar, la idea persistía, por lo que decidí analizarla.

— Señor, si este deseo de mi corazón procede de ti, te pido que me guíes — le dije —. Si los miembros de mi iglesia contribuyen con la cantidad necesaria en una sola colecta, para construir un centro de misiones, ésa será la señal de que debo seguir adelante.

Traté el asunto con los ancianos, y decidimos fijar un domingo para pedirles a los miembros que contribuyeran con un millón de dólares (en efectivo o en promesas) para la construcción del centro de misiones. Debo confesar que esa cantidad era superior a la que yo podía esperar en aquellos momentos. Me sentía realmente preocupado y temeroso de que la gente no contribuyera.

Por último, oré de todo corazón: — Padre, si es tu voluntad, dame un millón de dólares. Si no los recibo el domingo, me olvidaré del asunto.

Al domingo siguiente recogimos las ofrendas y los compromisos. Cuando se sumaron, el presidente del comité de finanzas me presentó la cifra total: ¡un millón de dólares exacto!

En el acto pusimos manos a la obra para construir el Centro Mundial de Misiones junto a la Iglesia Central del Evangelio Completo y formamos una nueva organización que se encargaría de ese aspecto de nuestro ministerio: La Organización Internacional para el Crecimiento de la Iglesia.

A medida que maduraban los planes, me di cuenta de la importancia de la empresa y de que no podría llevarla adelante solo, ya que tenía también que desempeñar mis funciones de pastor, y los asuntos de la Organización exigían un ejecutivo dedicado a ella a horario completo. Ya no podía desempeñar ambos puestos. ¿Quién podría encargarse de la dirección de ese ministerio?

El nombre de John Hurston me vino a la mente. Era el misionero que había trabajado conmigo en mi pequeña iglesia bajo una carpa, en el sector pobre de Seúl; el misionero que, a mi lado, había desempeñado un papel tan importante en la fundación de la Iglesia de la

Puerta occidental. Tenía más de cinco años de no verlo. John Hurston había estado conmigo durante diez años, hasta que se marchó en 1969 a Vietnam, donde había fundado varias iglesias durante la guerra. Por fin tuvo que escapar en 1975, cuando el comunismo se apoderó de la parte sur del país.

Le seguí la pista hasta Pasadena, California, donde lo encontré convaleciente de un ataque cardíaco. Cuando lo visité, me pareció muy cansado, y de mucha más edad que cinco años atrás cuando lo vi por última vez.

— Fue una experiencia muy traumática para mí salir de Vietnam — me confesó —. Estuve allí seis años fundando iglesias, y lloré de veras cuando me vi obligado a salir de la manera en que lo hice. Sin embargo, sabía que no me quedaba otra alternativa.

— John, ¿qué piensas hacer ahora? — le pregunté.

— No lo sé aún — me dijo —. La junta de Misiones me ha pedido que vaya a Tailandia como director de misiones para las Asambleas de Dios. Sin embargo, debo confesarte con toda franqueza que no me siento llamado a encargarme de ese asunto.

Esa era mi oportunidad. Le expliqué la visión que Dios me había dado para que fundara la Organización Internacional para el Crecimiento de la Iglesia y le informé cómo había proporcionado el dinero para construir ese centro.

— Necesito un director ejecutivo — le dije —. John, creo que tú eres el hombre para ese trabajo.

— Sí, creo que es el puesto que el Señor desea que acepte — dijo al fin —. Sin embargo, si debo hacerme cargo de ese trabajo en los actuales momentos, Dios tendrá que comenzar por sanarme de esta afección cardíaca.

Al mes siguiente, la doctora Jashil Choi, mi suegra, celebró varias reuniones en la zona de Los Angeles. En una de esas reuniones, le impuso las manos a John, y al hacerlo, él sintió que había sido sanado por completo. Poco después, John iba de regreso a Corea.

Yo sentía que el Señor deseaba que hiciera algo más para darle a la Organización una base firme. Necesitábamos una junta asesora de carácter internacional, que nos aconsejara en cuanto a cómo poner los recursos de nuestro centro a la disposición del mayor número posible de ministros. Poco después de terminada la construcción del Centro Mundial de Misiones en el mes de noviembre de 1976, me dediqué a la tarea de buscar esos asesores.

En el transcurso del mes de febrero siguiente, celebré una reunión en un hotel de North Hollywood, a la cual invité a unos veinticuatro ministros de entre las iglesias más florecientes de los Estados Unidos. Fue una gran sorpresa para mí que todos concurrieran a la reunión.

En aquella primera reunión describí la visión que el Señor me había dado, para difundir los principios de crecimiento de la Iglesia por todo el mundo mediante la nueva organización.

— Creo, en concreto, que debemos compartir nuestros conocimientos con las iglesias de los países del Tercer Mundo — les dije —. De esa manera, fortaleceríamos las iglesias en esos países y las alentaríamos a que alcanzaran mayor desarrollo para la evangelización mundial.

Todos sintieron gran entusiasmo con la visión. Sugerí que se nombrara a uno de ellos presidente de nuestro grupo.

— No, no, usted es el que ha tenido la visión del desarrollo de la Iglesia — me dijeron —. Vinimos aquí por usted. De otra manera no hubiésemos venido.

Procedieron a elegirme presidente por unanimidad, y convinieron en trabajar conmigo para preparar las reuniones de la Organización, que se celebrarían no sólo en Corea sino también en los Estados Unidos, y en cualquier otro lugar del mundo.

Creo en verdad que la Organización Internacional para el Crecimiento de la Iglesia enfoca las necesidades de la Iglesia en la década del ochenta, y que ésta habrá de ser la era del crecimiento de la Iglesia, tal como la década del sesenta fue una era de sanidad que contribuyó mucho a difundir la renovación en las iglesias. La década del setenta fue la era del movimiento carismático. Ahora es la época del crecimiento para la Iglesia. La sanidad y la renovación carismática no significarán verdaderamente nada para la Iglesia, a menos que contribuyan a su crecimiento. En realidad, todos los dones del Espíritu Santo son dados para fortalecer el cuerpo de Cristo, lo que no sólo significa fortaleza espiritual sino también desarrollo físico.

Si nos preocupa el futuro de la Iglesia de Cristo, debemos pensar seriamente en su crecimiento. Ese crecimiento no es una novedad más. Jesús vino a fundar una Iglesia; esa Iglesia ha estado dormida y ahora empieza a despertar. Cualquier iglesia que despierte, comenzara a crecer.

El tipo de crecimiento que se observa en Corea, es posible en cualquier otra iglesia. Sé que hay quienes creen que se trata de un fenómeno estrictamente coreano; que no puede suceder en los Estados Unidos ni en el oeste de Europa. Sin embargo, se trata de principios sólidos y comprobados de desarrollo, que se han llevado a la práctica en nuestra iglesia de Corea. No hay razón alguna por la cual cualquier otra iglesia no pueda crecer hasta alcanzar el mismo tamaño — o mayor aún — si emplea esos mismos principios, puesto que son universales y pueden ponerse en práctica en Seattle, Sydney o Estocolmo, en la misma forma en que se han usado en Seúl.

Todos somos hijos de Adán. Comemos comidas distintas, pero todos tenemos la misma sangre. Todos somos pecadores que necesitamos recibir la salvación de Cristo Jesús. Todos tenemos necesidad de que el Espíritu Santo nos transmita su poder. Cuando en una iglesia se predica el Evangelio, la Palabra de Dios, con el poder del Espíritu Santo, esa iglesia tiene que crecer. Si a esto se unen los principios de desarrollo de la Iglesia y se fundan los grupos familiares, pronto será una iglesia fuerte que se desarrollará *a pasos agigantados*.

Esos principios *funcionan* en cualquier parte del mundo. Pensar lo contrario sería peligroso, pues equivaldría a creer que Dios actúa según el lugar. Es decir, que Dios es poderoso en Corea pero no tan poderoso en otras partes. Eso no puede ser cierto. Los principios son invariables. Si en una iglesia se adoptan esos principios y se establecen grupos familiares, se encontrará que todo marchará de la misma forma que en nuestra iglesia, y que esa iglesia crecerá.

En realidad, esa enseñanza ha revolucionado las iglesias de Australia. Ya he mencionado que las Asambleas de Dios de Australia sólo habían alcanzado un dos por ciento de crecimiento en un período de diez años antes de adoptar estos principios, y que después duplicaron el número de miembros en sólo tres años. También debo añadir que hoy hay dos iglesias de las Asambleas de Dios en ese país con más de dos mil miembros cada una, una en Adelaida y la otra en Brisbane. Hasta que adoptaron los principios de desarrollo, las iglesias normales australianas eran¡más o menos como las del Japón: congregaciones de unos cuarenta o cincuenta miembros.

Había una iglesia luterana en Europa a la que sólo asistían unas quince personas el domingo. Cuando el pastor concurrió a uno de mis seminarios y puso en práctica los principios de crecimiento, en el período de un año a partir del establecimiento de sus primeros grupos familiares, la asistencia a la iglesia fue aumentando cada vez más, hasta que en los actuales momentos, unas quinientas personas asisten a la iglesia todos los domingos. Además, esa iglesia pronto se dio cuenta de que había algo que le faltaba: el poder del Espritu Santo. Sus grupos familiares cobraron vida, y hoy la iglesia es totalmente carismática.

En estos momentos, estoy concentrando mis esfuerzos en el Japón. La misionera que envié a Tokio y su creciente iglesia (pronto tendrá quinientos miembros), son sólo el principio. Creemos que el Espíritu Santo puede llevar diez millones de japoneses a Cristo en la década del ochenta, y estamos trabajando con El para atraer a esas personas a la Iglesia mediante nuestros principios de desarrollo de la Iglesia.

No cabe duda de que la Organización Internacional para el Crecimiento de la Iglesia ha demostrado ser producto de una decisión soberana del Espíritu Santo. Sus frutos lo comprueban.

11 / CÓMO COMENZAR LOS GRUPOS FAMILIARES

Cuando se desea implantar en una iglesia el sistema de grupos familiares como instrumento de evangelización, sólo hay un medio de hacerlo para que tenga éxito. El pastor tiene que ser la figura principal, ya que sin él, el sistema se desintegrará. Como *se trata de un sistema*, debe tener un centro de control. Este centro de control debe ser el pastor.

Por tanto, si usted es laico, mi primera recomendación es que ponga un ejemplar en manos de su pastor. Luego, ore para que éste lo lea y para que comprenda la visión que contiene. Es imposible empezar algo sin el pastor. Cuando él lea el libro, vea su potencial para el desarrollo de la iglesia y se sienta impulsado a iniciar algo, será el momento propicio para inaugurar los grupos familiares. Después de que él haya tenido la oportunidad de leer y asimilar el contenido del libro, llámelo e invítelo a desayunar o a almorzar. Entonces podrán hablar sobre los grupos familiares como instrumento para darle nueva vida a la iglesia y para evangelizar.

De ahí en adelante, le toca al pastor hacer que

la congregación se comprometa en el avivamiento y crecimiento de la iglesia, al llevar a la
práctica los principios de los grupos familiares.
A usted le toca prestarle su apoyo y trabajar con
él para despertar el interés de la congregación.

Si su iglesia está en condiciones económicas
de hacerlo, les recomendaría enviar al pastor a
uno de los seminarios de la Organización Internacional para el Crecimiento de la Iglesia, que
se celebran en todas partes del mundo. Nos
complacería mucho enviarles las fechas de los
seminarios. El mejor es el de Seúl, donde es
posible observar personalmente lo que se ha
realizado en la Iglesia Central del Evangelio
Completo.

Sé de muchas iglesias donde se han tratado
de establecer los grupos familiares sin la figura
central del pastor. Esas iglesias han luchado de
manera tenaz sin obtener gran éxito. Hay una
iglesia importante en los Estados Unidos, cuyo
pastor asistió a nuestro seminario de Seúl y
pudo observar el valor de los grupos familiares.
Sin embargo, en lugar de respaldar el esfuerzo y
de promover los grupos él mismo, delegó toda
la responsabilidad en un ministro asociado.
Este hizo todo el trabajo de organización, y se
establecieron los grupos familiares. No obstante, dos años más tarde los grupos se encontraban estancados; la asistencia era pobre y no se
estimulaba a los miembros a que evangelizaran.
¿Por qué? La congregación considera los grupos
familiares como otro de los muchos programas
que tiene siempre una iglesia grande. No los

considera como la clave del avivamiento o de la evangelización. Al fin y al cabo, hay muchos otros programas con las mismas metas. Si el pastor no trabaja directamente con los grupos, los miembros les restan importancia.

Para que los grupos familiares tengan éxito, el pastor debe estar tan convencido de que son tan necesarios para la iglesia, que son asunto de vida o muerte. Una vez que se convenza, el programa progresará.

Es necesario trabajar con empeño en los cimientos antes de que el sistema pueda llevarse a la práctica. Creo que es necesario que el pastor dedique su energía y su dirección a echar los cimientos. Aun cuando el programa está ya funcionando, el pastor debe continuar siendo su dirigente natural, dedicado a formar a los dirigentes de los grupos, y animarlos a alcanzar las metas fijadas para cada grupo.

La parte administrativa se puede delegar en un ayudante, pero siempre debe ser el pastor quien lleve el mando. Debe tener continuamente una relación activa con los dirigentes de los grupos.

Siempre he dicho que, para que el sistema tenga éxito, el ministro debe poner en él todo su esfuerzo, y eso requiere una concentración de poder y de entusiasmo. De no hacerlo, la gente pensará que el sistema de grupos familiares es sólo una artimaña para atraer gente, y la iglesia de hoy ve esas artimañas con indiferencia. Están llamadas a fracasar; no así los grupos familiares, porque no son artimañas.

Si los miembros no están convencidos de que el pastor apoya la formación de los grupos, ocurrirá una de estas tres cosas:

1. El sistema se atascará y comenzará el estancamiento. Los grupos se reunirán por "compañerismo" únicamente, y no habrá verdadero crecimiento espiritual ni tampoco habrá evangelización. Con el tiempo desaparecerán.

2. Las reuniones serán ritualistas, o los grupos caerán bajo el influjo de ciertas personas. De ese modo, se convertirán con el tiempo, en algo superfluo, inútil y dañino.

3. El sistema se convertirá en un cáncer del cuerpo local, si no se les exige a los dirigentes que informen con regularidad a sus compañeros o superiores, o al pastor.

Aun en Corea, muchas de las iglesias que han organizado los grupos familiares y observan el éxito que éstos han tenido en nuestra iglesia, no han podido hacerlos funcionar, debido a que el pastor no es la figura central. Algunas de ellas se imaginan que, por el hecho de que yo viajo seis meses al año, es imposible que les proporcione dirección personal a los grupos familiares. Sin embargo, sí se la proporciono. Cuando viajo, grabo mis mensajes a los dirigentes de los grupos en "video-cassettes". Los dirigentes de las comunidades necesitan saber que son una de las primeras prioridades de la iglesia, para que así se sientan impulsados a trabajar y a asumir responsabilidades. Cuando no reciben esa atención personal del pastor, no sienten ese impulso.

El pastor que opte por establecer los grupos familiares, necesita estudiar el sistema a fondo, pues de otro modo fracasará. Y si fracasa una vez, no se sentirá dispuesto a tratar de nuevo. Por tanto, es muy importante que el pastor pueda observar el sistema en una iglesia donde funcione con éxito. Una vez que lo haya comprendido de manera clara, habrá llegado el momento de poner manos a la obra.

Cuando se funda un grupo familiar, los primeros pasos son muy importantes. He aquí mis consejos al pastor:

Primero, no debe empezar en grande. Tome una docena de dirigentes laicos que sean figuras clave y fórmelos como dirigentes de grupo. Luego, haga que ellos organicen sus propias reuniones de grupo en las casas, y vigílelos muy de cerca entre seis y ocho meses. Una vez que los grupos empiecen a dar fruto, habrá llegado el momento de tratar de hacer que toda la iglesia participe.

Es esencial escoger a los dirigentes laicos adecuados, pues posiblemente de ellos dependa el éxito o el fracaso de los grupos. Lo primero que el pastor debe hacer, es buscar hombres y mujeres que sean llenos del Espíritu. Si los dirigentes no reconocen la autoridad del Espíritu Santo, pueden entorpecer su obra. A continuación enumero algunas de las cualidades que yo busco en los dirigentes de grupo.

1. *Entusiasmo.* Con frecuencia, los nuevos cristianos son muy buenos dirigentes, debido a que acaban de establecer una relación personal

con Cristo Jesús. Su entusiasmo es contagioso. Cuando se trabaja con creyentes de mucho tiempo, a menudo hay que "reprogramarlos" para que acepten el sistema de los grupos familiares.

2. *Testimonio.* Los cristianos que pueden dar un testimonio claro y convincente de lo que Dios ha hecho por ellos, son pruebas irrefutables de que el Evangelio funciona en nuestros días. Esos creyentes son una demostración de la realidad de la vida de Cristo, y los demás se sienten atraídos hacia ellos.

3. *Entrega.* Por regla general, es posible observar si una persona se ha consagrado al Señor y a su Iglesia, mediante (a) su asistencia a la iglesia y a otras reuniones, incluso a los grupos familiares, (b) sus diezmos, que son parte esencial de una vida consagrada, y (c) la manera como ha demostrado estar dedicada a mantener la unidad en la vida de la iglesia. A aquellos que estén prontos a la crítica o que marchen por su propio rumbo, les será difícil seguir las indicaciones del pastor en la dirección de los grupos familiares.

4. *La plenitud del Espíritu.* Es esencial que la persona que dirija a los miembros de un grupo, reconozca la autoridad del Espíritu Santo. En nuestra iglesia, eso significa que el dirigente tiene que haber sido bautizado en el Espíritu Santo, y que hable en lenguas. Sólo así tenemos la certeza de que esa persona está capacitada para llevar a otros a Cristo y que puede orar poderosamente por las necesidades de los de-

más. Esto es imprescindible cuando se ora por sanidad física y espiritual.

5. *Tiempo y dinero.* Aunque hay un refrán que dice que quien desee hacer una tarea, debe dársela a una persona ocupada, ese refrán no reza con la orientación espiritual. Cuando más ocupada esté una persona, menos tiempo tendrá para escuchar y recibir las instrucciones del Espíritu Santo. Los mejores dirigentes son los que no tienen que salir de su casa para trabajar, pues por lo general tienen mucho más tiempo para orar y para estudiar la Biblia. Lo mismo sucede con los que cuentan con suficiente dinero y no tienen la preocupación constante de ganar el pan de cada día; esos también tienen más tiempo para la oración y el estudio de la Biblia. Sin embargo, eso no significa que no debamos escoger gente pobre para la dirección de los grupos familiares. Si alguien llena todos los demás requisitos, estoy convencido de que será buen dirigente de grupo. Además, quizá no siga siendo pobre por mucho tiempo. Yo les enseño a las personas que, cuando trabajen para el Señor, dejarán de ser pobres, ya que Dios va a cubrir todas sus necesidades.

Una vez que se han seleccionado los dirigentes, viene la formación de éstos para que sepan cómo dirigir las reuniones. Primero deben aprender del pastor, para que después puedan transmitir sus enseñanzas a los grupos familiares. Es imprescindible que las enseñanzas que se ofrecen en los grupos familiares, estén de acuerdo con el programa general de enseñanza de la iglesia. Conviene que las lecciones ofrecidas en los grupos sean una continuación del sermón dominical del pastor, quizá para tratar más a fondo los puntos más sobresalientes de su prédica.

Cada semana les proporciono una misma lección a todos mis dirigentes de grupo. En uno de los capítulos anteriores, hice mención del caos que sobrevino en nuestra iglesia a causa de la falta de dirección, cuando se establecieron los primeros grupos familiares. Eso se corrigió cuando empecé a escribir los esquemas de las lecciones para las reuniones semanales de los grupos. Hoy no dispongo del tiempo necesario para preparar todas las semanas los esquemas de las lecciones individuales. En nuestra iglesia se ha adoptado un curso de estudio de la Biblia, muy parecido a los cursos de escuela dominical que tienen muchas iglesias.

A pesar de que ya no preparo las lecciones individuales, aún trabajo de manera activa en la formación de los dirigentes. En un principio, los dirigentes se reunían conmigo todos los miércoles por la noche, en vez de tener la reunión de oración de mediados de semana, para aprender la lección de la semana siguiente. Pasado algún tiempo, cuando yo no podía estar presente, les enseñaba por medio de cintas magnetofónicas. Ahora que nuestra iglesia dispone de más espacio, les enseño por medio de "video-cassettes" todas las semanas. El esquema de la lección se publica en el semanario de la iglesia, para que así todos los miembros puedan prepararla con antelación.

Además de las lecciones sobre la Palabra de Dios, hay otras funciones de las reuniones de grupo que hacen de ellas verdaderas reuniones del pueblo de Dios. Siempre hay adoración, mediante el canto de los himnos y los coros, y mediante las oraciones del dirigente y de otros miembros del grupo. Además, siempre les proporcionamos a los grupos tiempo suficiente para que haya oración en voz alta. En ese momento se les permite a todos llevar ante el Señor sus oraciones de agradecimiento, confesión, intercesión y petición.

Un tercer ingrediente de nuestras reuniones de grupo, es el ministerio mutuo. Se insta a los miembros a que compartan con los demás sus necesidades para que todos puedan orar por ellos. Hemos tenido sanidades milagrosas en las reuniones de los grupos, mientras una persona oraba por otra. De esa manera ha quedado demostrado que el Espíritu Santo actúa en esas reuniones al igual que lo hace en los servicios de la iglesia.

Y, por último, se exige que las reuniones tengan una motivación evangelística. La lección y los testimonios deben llevar a los que asisten por primera vez a un encuentro con la persona de Cristo Jesús. Se insta a los miembros a que busquen a los no creyentes de sus vecindarios y los inviten a las reuniones. Muchos de esos no creyentes llegan a conocer a Cristo Jesús y le entregan sus vidas allí mismo, en las reuniones del grupo. Esa es, en realidad, la razón por la cual nuestra iglesia crece con tanta rapidez.

Opino que la evangelización a través de los grupos familiares es esencial para que esos grupos le den verdadera vida a la iglesia.

Después de que los grupos originales se hayan reunido por espacio de seis a ocho meses, habrá llegado el momento de ampliar el movimiento a toda la congregación. Ya para entonces, la iglesia habrá empezado a ver el fruto de los primeros grupos, y la mayoría de las personas habrán oído hablar mucho acerca de ellos. Entonces será la ocasión de celebrar una reunión conjunta de la iglesia y de presentarles el proyecto a las demás personas.

En la reunión conjunta de la iglesia, los dirigentes de grupo y sus miembros deben dar testimonio ante toda la congregación, y demostrar lo que Dios está haciendo mediante las reuniones de grupo. Créame que serán momentos emocionantes. El entusiasmo de los dirigentes y de los miembros del grupo será contagioso. Las personas llegarán al convencimiento de que el sistema de grupos familiares tiene algo que les interesa.

También se debe contar con estadísticas que respalden los testimonios y que muestren el número de personas que se han sanado o que han recibido ayuda de distintas maneras en las reuniones, el número de no creyentes que han sido llevados a Cristo, y demás detalles.

Cada pastor debería conocer a su propia iglesia, y saber cómo obtener la participación máxima de su congregación. En el caso de nuestra iglesia, pude distribuir a todos los miembros en los grupos familiares. A pesar de que en un principio hubo algunas quejas, todos se integraron en ellos. Ese es el estilo que se sigue en nuestra iglesia. Sin embargo, otros pastores me dicen que en sus iglesias la participación tiene que ser espontánea. Distribuyen las hojas de inscripción en la reunión conjunta de la iglesia, y el número de personas que las firman determina el número de los grupos y el lugar donde se reúnen. De cualquier manera que se haga, todo esfuerzo es poco para obtener el máximo de participación.

Por ejemplo, hay una iglesia en los Estados Unidos que estableció los grupos sin poner en práctica nuestros principios. El pastor estaba convencido de que nuestro sistema no funcionaría en su iglesia. Por tanto, decidió celebrar reuniones familiares en las casas una vez al mes, con el solo propósito de confraternizar.

A pesar de que empezó de manera diferente, sí observó uno de mis principios. El mismo dirigía los grupos, y nombró a seis o siete pastores auxiliares para que formaran un grupo modelo y emplearan la experiencia adquirida para orientar a los demás grupos. No creyó necesario dividir la iglesia geográficamente, puesto que todo se hacía de manera voluntaria.

¿Sabe lo que sucedió? Todos los que concurrieron a las reuniones en las casas las disfrutaron tanto, que la asistencia creció con rapidez. No pasó mucho tiempo antes de que tuvieran que reunirse con más frecuencia. No sólo eso, sino que la oración y el estudio de la Biblia pronto se convirtieron en parte habitual de la reunión. Todo sucedió de manera natural.

Hoy, a cada miembro nuevo de la iglesia se le exige que se inscriba en un grupo, y también se anima a los miembros antiguos que aún no lo han hecho, a que se inscriban. Los grupos se han convertido en un gran instrumento de evangelización, y el pastor dice que es como si una nueva iglesia estuviera surgiendo en el seno de la congregación original — una iglesia dentro de otra iglesia — y la iglesia interior tuviera mucha más vida que la original.

En California, un pastor tenía una iglesia en pleno desarrollo. Sus cuatro o cinco servicios dominicales no eran suficientes para dar cabida a todas las personas dentro del templo. Por tanto, dividió su congregación en cuatro grupos. Cada domingo, uno de esos grupos se reunía en alguna casa para confraternizar y recibir enseñanza, mientras que los otros tres grupos se reunían en la iglesia principal para los servicios normales del domingo. Los grupos se alternaban para celebrar las reuniones dominicales en las casas. De esa manera, sólo tres cuartas partes de la congregación asistían al culto formal todas las semanas. Cuando había cinco domingos en el mes, todos se reunían en la iglesia el quinto domingo para una gran celebración.

Una vez más, era el pastor el que tenía control de las reuniones en las casas. Formó a los dirigentes y se reunía con ellos todas las semanas. Los orientaba debidamente en sus estudios bíblicos, que estaban relacionados con la enseñanza semanal del pastor, y les proporcionaba un esquema y una cinta magnetofónica.

Además de reunirse una vez al mes para estudiar la Biblia, los grupos de esa iglesia se reunían entre semana otro día al mes, con el solo propósito de confraternizar. Cada conjunto de grupos tiene un almuerzo al aire libre o cualquier otra actividad social.

De esa manera, dos pastores han encontrado el medio ideal para establecer los grupos en sus iglesias, sin provocar grandes problemas entre los miembros de sus congregaciones. Muchos de los norteamericanos que asisten a la iglesia, se quejan de que tienen que permanecer demasiado tiempo en ella. Sin embargo, al dividir sus congregaciones en grupos familiares, esos pastores han logrado aumentar la asistencia a la iglesia sin que ésta parezca "iglesia".

No obstante, en Corea, nuestra iglesia no tiene reuniones en las casas con el solo propósito de confraternizar. No me opongo a que nuestros miembros se reúnan para hacerlo como cosa propia, pero mi opinión es que, para alcanzar el grado de evangelización y de crecimiento que se observa en la Iglesia Central del Evangelio Completo, es imprescindible que haya disciplina en las reuniones. Los grupos que se reúnen sin tener la evangelización como meta, no contribuyen al crecimiento de la iglesia. Siempre existirá un gran peligro de que se dediquen a la satisfacción de los miembros del grupo únicamente.

Creo que debo añadir algo acerca de la iglesia

que dejé en la Puerta occidental de Seúl. Cuando nos trasladamos a la isla Yoido, ocho mil miembros permanecieron en la antigua iglesia y diez mil se trasladaron a la nueva. Los miembros que permanecieron en la Puerta occidental buscaron un nuevo pastor, y hoy día constituyen aún una fuerte iglesia de las Asambleas de Dios. Sin embargo, el nuevo pastor no adoptó mis principios de los grupos familiares. A pesar de que hay reuniones de grupo en la iglesia, éstas no se emplean como instrumento de evangelización. La congregación ha quedado reducida a unos dos mil miembros. (Muchos de los ocho mil originales han venido a nuestra iglesia, sin que nosotros los hayamos ido a buscar.)

No creo que con la estructura pastoral tradicional pueda ministrarse a ocho mil personas. La delegación de autoridad y la formación de los grupos familiares es la única manera de satisfacer todas las necesidades que tienen los miembros.

12 / La importancia de la comunión con el Espíritu Santo

En el capítulo anterior expuse las cualidades fundamentales que necesitan los dirigentes de los grupos familiares. No obstante, desearía tratar uno de esos puntos con más detalle. Es la necesidad de que el dirigente esté lleno del Espíritu Santo, y de que éste sea quien lo guíe. En realidad, la necesidad va más allá de estar lleno del Espíritu Santo, y de ser guiado por El: cada dirigente debe estar en verdadera comunión con el Espíritu Santo.

Toca al pastor, quien a su vez debe ya estar en comunión con el Espíritu Santo, inspirar esa intimidad. Si el pastor no la tiene, le será imposible ayudar a los dirigentes de los grupos a que crezcan en su relación personal con el Espíritu.

También deseo tomar de mi propia vida un ejemplo sobre esto. Considero de gran importancia la comunión con el Espíritu Santo. Reconozco que en mi propio ministerio de predicación, si no estoy ungido por el Espíritu, mi mensaje no tiene el resultado debido, por mucho tiempo que dedique a preparar mi sermón. Y si el mensaje no da el fruto debido, es un mensaje perdido.

Muchas personas desconocen el significado de la comunión con el Espíritu Santo. Dicen que han nacido de nuevo, y que han recibido el bautismo en el Espíritu. Han sentido su poder en su ministerio.

— ¿Qué otra cosa necesitamos? — preguntan.

Ahí está el error. Yo tuve esa misma actitud por bastante tiempo. Pensaba que tenía todos los títulos que se exigían para ser predicador en mi denominación. Había nacido de nuevo, había recibido el bautismo en el Espíritu Santo, y había hablado en lenguas. — Eso es todo lo que necesito — me decía a mí mismo.

No obstante, Dios cambió mi actitud y me demostró que el Espíritu Santo es algo más que el Espíritu del nuevo nacimiento, o que el Espíritu de poder. El Espíritu es una persona, pero una persona que vive dentro de mí. Vivir con una persona significa estar en comunión con ella. Significa reconocerse mutuamente. Significa comunión y comunicación íntimas.

Antes de descubrir esa verdad, mi ministerio tenía muchas altas y bajas. En algunas ocasiones, predicaba un magnífico mensaje y obtenía grandes resultados. En otras, parecía tambalearse. Cada domingo en que predicaba de manera "excepcional", regresaba a casa lleno de euforia. El resto del tiempo, me parecía que estaba perdiendo el tiempo. No veía que nadie fuera salvo, y me sentía muy deprimido. Le preguntaba al Señor lleno de angustia cuál era la razón por la cual no me ayudaba.

Entonces, en un día del frío invierno del año 1960, después de predicar en el grupo de oración que se reunía temprano en la mañana, oraba solo en la iglesia cuando Dios le habló a mi espíritu.

—Hijo mío — me dijo —, *si pudieras tener una comunión más íntima con el Espíritu Santo, tu ministerio se multiplicaría y adquiriría un poder mucho mayor.*

Entonces le dije: — Padre, ¿no tengo ya todo lo que puedo recibir del Espíritu Santo? He nacido de nuevo. He sido bautizado en el Espíritu. ¿Qué otra cosa necesito?

Entonces Dios me dijo: — *Sí, tienes el Espíritu Santo de manera legalista, pero no tienes una comunión íntima con Él. Puedes llevar a una esposa a tu casa de manera legal, pero también puedes dejarla sola en la casa como un objeto, no como una persona, si no estás en comunión constante con ella.*

Esa revelación le dio nuevo ímpetu a mi ministerio, y de ahí en adelante empecé a establecer una comunión verdadera con el Espíritu Santo.

Me di cuenta de que en el pasado, mi relación con Él había sido algo así como lo que está escrito en 1 Juan 1:3, que dice: "Y nuestra comunión verdaderamente es con el Padre, y con su Hijo Jesucristo." Como la mayoría de los cristianos, yo tenía comunión con el Padre y con su Hijo. Oraba al Padre y oraba a Jesucristo, su Hijo. Adoraba al Padre y adoraba al Hijo. Además, como la mayoría de los cristianos, mencionaba al Padre y mencionaba al Hijo, pero muy pocas veces mencionaba al Espíritu Santo.

Sin embargo, cuando leemos la Biblia, ésta no nos ordena solamente que tengamos comunión con el Padre y con su Hijo Jesucristo, sino también que tengamos comunión con el Espíritu Santo (2 Corintios 13:14).

El significado es obvio. El Padre terminó su obra en la época del Antiguo Testamento. Luego envió a Cristo Jesús, su Hijo, que fue crucificado y resucitó. Ahora, sentado a la diestra de Dios Padre, Jesús ha terminado su obra. Hoy estamos en la era del Espíritu Santo. El Padre trabajó por medio del Espíritu Santo, y Jesús también trabaja por medio de El. Así pues, el Espíritu Santo es el administrador del amor del Padre y de la gracia de Cristo Jesús.

La palabra griega traducida *comunión*, es *koinonía*, que tiene varias acepciones: (1) amistad, (2) asociación y (3) distribución. El amor del Padre y la gracia de Cristo Jesús son constantes, pero están en el cielo. ¿Cómo, pues, pueden llegar a nuestros corazones, aquí en la tierra y en el momento actual? Mediante la comunión con el Espíritu Santo.

De ahí que si tenemos conocimientos teológicos profundos acerca del amor del Padre y de la gracia de Cristo Jesús, pero no tenemos comunión con el Espíritu Santo, no se hará realidad esa gracia en nuestro corazón. No habrá distribución del verdadero amor del Padre y de la verdadera gracia del Hijo en nuestro corazón. Podríamos tener todos los conocimientos posibles de teología, y nuestra iglesia seguir pareciendo una nevera.

Por tanto, un predicador puede predicar un mensaje lleno de la más excelsa teología y de dogmas muy profundos tomados de la Biblia, pero sin la colaboración obvia y precisa del Espíritu Santo, todo se reducirá a simple teoría. No predica a base de su experiencia sobre el amor del Padre y la gracia de Cristo Jesús. Ese es el problema primordial de la mayoría de las iglesias de hoy. Tenemos preciosos edificios, magníficos coros, ministros muy instruidos y mensajes brillantes. Sin embargo, las personas que ocupan los bancos de la iglesia se mueren de hambre espiritual. Se les llena la mente con toda clase de conocimientos, pero su espíritu está marchito y hambriento.

Koinonía también significa sociedad. En una sociedad comercial, uno de los socios aporta el capital y el otro la tecnología. Juntos hacen florecer el negocio. Nosotros estamos asociados al negocio del Rey. El Espíritu Santo aporta todo el capital: el amor del Padre y la gracia de Cristo Jesús. Nosotros traemos a la sociedad nuestra presencia física. Entonces el Espíritu Santo nos pide que entremos en sociedad con El para edificar el Reino de Dios. El Espíritu Santo es el socio principal, y nosotros los socios secundarios. Hoy día la dificultad estriba en que los socios secundarios tratan de quitarle la autoridad al socio principal y hacer la tarea sin su ayuda. Por tanto, éste se retira y les deja a los socios secundarios los magníficos edificios (en realidad, un buen centro comercial), pero carentes de mercancía.

Para tener éxito en los negocios del Rey, es esencial una sociedad muy estrecha con el Espíritu Santo, y para alcanzarla, es necesaria la comunión con El.

Cuando estamos en comunión con el Padre, le decimos: "Padre, te amo. Reconozco quién eres. ¡Alabado sea Dios!" Y al Hijo le decimos: "Jesús, te amo, te alabo." Sin embargo, cuando llegamos al Espíritu Santo, ¿qué hacemos? En la mayoría de los casos. . . nada.

La Biblia nos ordena estar en *comunión* con el Espíritu Santo, y esa comunión abarca esas tres cosas: amistad, asociación y distribución. Sin comunión con el Espíritu Santo, es imposible lograr una comunión eficaz con el Padre y con su Hijo, Cristo Jesús.

Hoy día, hago un esfuerzo por reconocer al Espíritu Santo, por recibirlo y por adorarlo porque El es una Persona. Antes de predicar, digo: — Amado Espíritu Santo, te recibo, te reconozco, te amo. Confío en ti. Amado Espíritu Santo, ¡vayamos juntos! Llevemos la gloria de Dios a su pueblo.

Cuando empiezo a predicar, digo en mi corazón: — Amado Espíritu Santo, voy a empezar. ¡Adelante! Proporcióname todos los conocimientos, la sabiduría y el discernimiento que debo impartirles a los que me escuchan.

Después de terminar el sermón, me siento y

digo: — Amado Espíritu Santo, juntos hemos hecho una magnífica labor, ¿no crees? ¡Alabado sea Dios!

Desde que dependo del Espíritu Santo de esa manera, he sentido que Dios ha ungido mi vida, mi ministerio y mis sermones. Los resultados son siempre espectaculares; se producen numerosas conversiones y sanidades. Trato de dejarme llevar siempre por el impulso del Espíritu Santo.

A manera de ejemplo, le relataré una historia. En cierta ocasión, poco me faltó para perder a mi esposa. Cuando me casé estaba muy interesado en convertirme en un evangelista de fama. Deseaba ser algo así como la versión coreana de Billy Graham. En aquellos días, no deseaba ser un "simple pastor".

Por tanto, después de nuestro matrimonio, traje a mi esposa a nuestro apartamento. Pasada una semana, empecé a salir a predicar en misiones de evangelismo. Predicaba en mi iglesia el domingo, y luego el lunes salía a predicar. Sólo venía a casa los fines de semana y entonces le traía la ropa sucia a mi esposa. Ese estado de cosas continuó durante unos seis meses, mientras la ambición de convertirme en evangelista me consumía.

Durante cierto tiempo, mi esposa fue muy comprensiva. Cuando regresaba de mis campañas de evangelismo, corría a la puerta a recibirme. Me manifestaba su amor y me hacía una magnífica cena. Sin embargo, a medida que transcurrían los meses y no había cambio alguno en la rutina, empezó a deprimirse. No salía a recibirme. Lloraba a menudo. Hasta las comidas no eran buenas. Había algo que no marchaba bien.

Por aquel tiempo, mi esposa era muy tímida, porque estábamos recién casados. Nunca me decía nada acerca de lo que no marchaba bien. Yo trataba de alegrarla con bromas y cosas así, pero todo era inútil.

Por fin mi suegra vino a visitarme cierto día y me dijo: — Yonggi, ¿te agrada vivir con mi hija?

— Por supuesto — le dije.

— Bien — dijo ella —, la vas a perder si continúas tratándola de ese modo.

— ¿Qué quiere decir? — le pregunté consternado —. La trato muy bien. Le conseguí un hermoso apartamento, y me ocupo de que tenga suficiente comida y buena ropa. ¿Qué más puedo hacer? La trato muy bien.

Entonces mi suegra me miró a los ojos y me dijo: — Hijo, tú no entiendes. No trajiste a tu casa un "objeto". Trajiste a una persona. Una persona no puede vivir en un apartamento con sólo arroz, ropa y dinero. Necesita amor, reconocimiento, intimidad.

Pensé sobre el particular por algún tiempo. Mi primera reacción fue: — Eso es cosa del diablo. Yo estoy trabajando para el Señor. ¿Por qué me ha de exigir ella afecto, cuidados e interés?

Sin embargo, la depresión de mi esposa iba en aumento y finalmente sonaron las señales de alarma en mi corazón. Entonces fui ante el

Señor y oré: — Señor, parece que voy a tener que escoger entre dos cosas: mi ministerio o mi esposa. Tu gloria y mi ministerio son mucho más importantes que mi esposa. Si he de perder una, entonces tendré que perder a mi esposa, porque mi ministerio significa mucho más para mí que ella.

— Señor, corrígela o sepáranos. Preferiría vivir el resto de mi vida solo y seguir en mi ministerio.

Entonces el Espíritu Santo me habló al corazón, y me dijo: — *No, no, no. Estás del todo errado en tu escala de valores. Hasta la fecha, has colocado a Dios en primer lugar, a la iglesia en segundo, y a ti en tercero. Ahora colocas a tu esposa en último lugar. Has cometido un error grave.*

— *Por supuesto que Dios debe ocupar el primer lugar, pero tienes que reorganizar tus demás valores. Tú debes ocupar el segundo lugar y tu esposa el tercero. Cuando tengas hijos, éstos ocuparán el cuarto lugar, y la iglesia el último.*

Ese pensamiento me llenó de consternación.

— Este demonio debe ser norteamericano — dije —. No podemos aceptar esa manera de pensar en el Oriente.

— *No, esto no viene de América* — me dijo el Espíritu Santo —. *Es así como Yo lo deseo.*

— *Dios tiene que ser el primero, pero tú debes ser el segundo, porque necesitas vivir una vida santa para llevar adelante este ministerio. Tú eres muy importante.*

— Luego, tu esposa debe seguirte. Si pierdes a tu esposa y te divorcias, nadie volverá a escucharte. Tu ministerio habrá desaparecido. Podrás construir una iglesia inmensa, pero si se deshace tu hogar, perderás tu ministerio. Estar en comunión con tu esposa es más importante que construir una iglesia, puesto que toda la iglesia depende de tu vida en el hogar. Traerás más desgracia al ministerio si te divorcias, que todos los demás beneficios que puedas traer a él.

— Además, todos los cristianos se fijarán en tus hijos. Si tus hijos son rebeldes y tienen dificultades, como el hijo pródigo, ¿quién te va a escuchar? Tu ministerio principal deben ser tus hijos. Tus hijos deben ser los principales miembros de tu iglesia. Entonces, todos juntos, tú, tu esposa y tus hijos, edificarán la iglesia.

— Considera a tu esposa como una parte muy importante de tu ministerio, y cuida tus relaciones con ella.

En aquellos momentos, eso me pareció bastante arriesgado; sin embargo, decidí hacer la prueba. Cancelé muchas de mis campañas de evangelización y me hice el firme propósito de pasar todos los lunes con mi esposa. Le dije que los lunes haría cualquier cosa que ella deseara. Si deseaba ir al parque, iría con ella al parque. Si deseaba ir de tiendas, me rompería la espina dorsal siguiéndola, pero lo haría. Luego, disfrutaríamos juntos de una buena comida.

Además, todas las mañanas le diría a mi esposa: — Cariño, te quiero. Eres muy hermosa.

Eres estupenda. Tengo mucha suerte de tener una esposa con buenas cualidades como tú.

Entonces ocurrió un milagro. Poco a poco, mi esposa empezó a salir de su depresión. Su expresión cambió, y su espíritu optimista volvió a reinar en su corazón. Empezó a sonreír, y luego a reír y a estar alegre, y a hacer travesuras. Pasado algún tiempo, volvió a hacer comidas deliciosas. Disfrutábamos de una comunión estupenda.

Empezamos a orar juntos y a hacer los planes para el ministerio juntos. Encontré la respuesta. Para tener un verdadero hogar, hay que tener una comunión verdadera con cada persona. Usted no puede traer a su esposa a la casa y pretender que ella viva allí con sólo la casa, el dinero, la ropa y la comida. Una esposa es algo más: es una persona.

Lo mismo sucede cuando tenemos comunión con el Espíritu Santo. El Espíritu Santo está con usted, pero si usted lo deja solo, arrinconado en una esquina de su iglesia, y permite que sólo sirva de adorno al pronunciar la bendición o alguna palabra de teología, Él se entristecerá. Entonces, el Espíritu del Señor abandonará su obra y usted tendrá un ministerio estéril. Aunque tenga todos los conocimientos posibles de teología y también una gran elocuencia en sus sermones, los frutos serán nulos. Esto se debe a que, en el ministerio, lo que no procede del Espíritu, procede de la carne.

Desde ese momento empecé a alimentar en mi vida una relación aún más profunda con el

Espíritu Santo. Comprendí que se me había dado el Espíritu Santo para que trabajara conmigo, y no para que permaneciera arrinconado en una esquina. El Padre ocupa el trono, y Jesús está a su derecha, pero el Espíritu está aquí en la tierra — en mí, en usted — para trabajar junto con nosotros a fin de que los negocios del Rey puedan prosperar.

Hoy día trato al Espíritu Santo como la Persona más importante de mi vida. Lo alabo y le digo que lo amo. Siempre me dirijo a El diciendo: — Amado Espíritu Santo, oremos juntos al Padre. Oremos juntos a Cristo Jesús. Leamos las Escrituras. — Mi búsqueda de intimidad empieza siempre por el Espíritu Santo. Entonces, con el Espíritu Santo, adoro al Padre y a Cristo Jesús, su Hijo.

Hoy día siento la presencia del Espíritu Santo de manera tan profunda, que cuando El habla, lo comprendo. Cuando el Espíritu habla de sanidad, lo comprendo. Cuando habla de edificar, lo comprendo. Para mí es una Persona muy real.

Además, al despertar, siempre trato de dedicarle una hora al Espíritu Santo. No me importa lo que suceda; mi deseo es dedicarle una hora. — Amado Espíritu Santo — le digo —, tengamos una reunión. Leamos la Biblia juntos. — Y así, con el Espíritu Santo, me siento y alabo al Padre, adoro a Jesús y leo las Escrituras. Amo al Espíritu Santo y lo alabo, y juntos hacemos los planes de trabajo.

En los primeros días de la Iglesia, los discípulos tenían una comunión verdadera con el Espíritu Santo: por ejemplo, cuando se reunió el Concilio de Jerusalén. Se les había pedido a sus integrantes que dieran su fallo sobre el asunto de la circuncisión de los gentiles, y en su carta escribieron de manera inequívoca: "Porque ha parecido bien al Espíritu Santo, y a nosotros, no imponeros ninguna carga. . ." (Hechos 15:28). No dijeron que era únicamente el concilio el que había tomado la decisión, sino que lo habían decidido junto con el Espíritu Santo.

¿Podemos decir lo mismo de las reuniones de nuestra iglesia? ¿Podemos decirlo de nuestras reuniones generales? Al escribir las actas, ¿decimos alguna vez que "el Espíritu Santo y nosotros hemos decidido. . ."? No, no lo hacemos, pues consideramos al Espíritu Santo sólo como el supervisor de nuestras iglesias, nuestras reuniones y nuestro ministerio. Ese error es muy grave.

En las reuniones de la junta de oficiales de nuestra Iglesia Central del Evangelio Completo, los ancianos y yo oramos juntos, y le pedimos al Espíritu Santo que venga a presidir la reunión. En nuestro ministerio, el Espíritu Santo es el socio principal. El es el Presidente de la junta de oficiales. El es el Pastor principal de la iglesia. Nosotros sólo somos los pastores auxiliares.

También hablo mucho en lenguas. Las lenguas son el idioma del Espíritu Santo, y cuando hablo en lenguas, no puedo menos que sentir su presencia muy dentro de mí. En mi vida de oración particular, oro en lenguas más de **un** sesenta por ciento del tiempo. Oro en **lenguas** mientras duermo. Me despierto orando en lenguas. Oro en lenguas mientras estudio la **Biblia,** y oro en lenguas durante mis devociones personales. Si por alguna razón perdiera en algún momento el don de lenguas, creo que mi ministerio se reduciría a la mitad de lo que es hoy. Siempre que hablo en lenguas, no puedo menos que estar muy consciente de la presencia del Espíritu Santo.

Cuando aprendí a hablar inglés, lo hablaba siempre que podía. Empecé a pensar en inglés, y escribía mis sermones en inglés. Hasta me hablaba a mí mismo en inglés, ya que mi **más** ardiente deseo era hablarlo con fluidez. Por mucho tiempo, me atormentaba a mí mismo, porque me forzaba a hablar inglés. Sin embargo, gracias a esto, y a pesar de que no he alcanzado mucha fluidez en este idioma, tengo suficiente facilidad de palabra para expresarme sin gran esfuerzo.

En la actualidad hago lo mismo con el japonés — hablo en japonés, escribo en japonés y hasta pienso en japonés — porque me he propuesto llevar a diez millones de japoneses a los pies de Cristo Jesús. Durante todo un año **he** estado leyendo la Biblia en japonés y he dedicado tanto tiempo a este idioma, que aun en **mis** sueños hablo en japonés. De esa manera **me** estoy *familiarizando* con el idioma. Durante **las** horas que permanezco despierto, trato de expresar todos mis pensamientos en japonés y **rela-**

cionarlos con el Japón. Así sucedió cuando estudiaba inglés: mis pensamientos giraban alrededor de todo lo que sucedía en Norteamérica, en Inglaterra y en el mundo de habla inglesa.

Lo mismo sucede cuando se habla en lenguas. Cuando se habla en lenguas durante el día, es imposible no darse cuenta de la presencia del Espíritu Santo. Por tanto, la oración en lenguas me ayuda a mantenerme en comunión constante con el Espíritu Santo.

Por supuesto que esa clase de comunión con el Espíritu Santo significa que hay una vida de oración. Dios espera que seamos personas de oración, porque ha decidido trabajar hoy en el mundo a través de nuestras oraciones. Las oraciones poderosas y llenas del Espíritu Santo hacen milagros.

Necesitamos saturarnos de oración desde que nos levantamos por la mañana hasta que nos acostamos por la noche. La oración es nuestra fortaleza espiritual. Si no oramos, nuestra vida espiritual se extinguirá. Sin embargo, la única oración verdadera es aquella que manifiesta nuestra comunión con el Espíritu Santo, pues cualquier otro tipo de oración se convierte en formal y legalista. Dios desea que tengamos una comunión íntima con El por medio del Espíritu Santo.

Nuestra iglesia es una iglesia que ora. Es una iglesia que tiene una comunión verdadera con el Espíritu Santo. Hasta celebramos vigilias semanales de oración que duran toda la noche, y asisten más de diez mil personas. La oración es parte integral de las reuniones de los grupos familiares. En realidad, es la clave del avivamiento, tanto en la iglesia como en los grupos familiares que se reúnen en las casas.

En la Iglesia Central del Evangelio Completo no sólo hacemos hincapié en la oración, sino también en el ayuno. Muchos de nuestros dirigentes de grupo pasan mucho tiempo en oración y ayuno por la salvación de las almas en sus barrios. Por regla general, ayunan de uno a tres días. Muchos tienen un día determinado de ayuno todas las semanas.

En nuestra congregación, he visto ayunar a algunas personas durante siete días, cuando tienen un problema serio que Dios no ha resuelto mediante la oración únicamente. Si el problema es de vida o muerte, algunos de nuestros miembros han ayunado de quince a veinte días, y otros hasta cuarenta días, al igual que lo hizo Cristo en el desierto.

No obstante, siempre les indico a nuestros miembros que cuando ayunen deben hacerlo por algún motivo. No deben hacerlo por el solo hecho de ayunar, pues eso no significa nada. Cuando las personas han estado orando por una respuesta determinada y es obvio que el Señor no les responde, les pido que ayunen y oren hasta que Dios les dé la respuesta. En realidad, el noventa por ciento de las oraciones que Dios ha contestado con respuestas categóricas en nuestra iglesia, han ido acompañadas del ayuno.

Todos los años, los miembros de nuestra

iglesia hacen unas trescientas mil visitas al monte Oración. Ese lugar es nuestro centro de retiro, cerca de la zona desmilitarizada que corre a lo largo de la frontera de nuestro país con Corea del Norte. Van allí a ayunar y a orar por sus intenciones particulares. Alrededor de un sesenta por ciento van a orar por el bautismo en el Espíritu Santo y el don de lenguas. Otro nutrido grupo va a orar por la solución de sus problemas familiares, y un tercer grupo va a orar por sanidad. Ha habido muchos milagros como resultado del ayuno y de la oración, como sanidades de casos verdaderamente difíciles de cáncer y artritis. Otros van a orar por problemas de negocios, por la salvación de nuestro país o por el avivamiento en la Iglesia.

¡Y ha habido respuestas! El noventa por ciento de los que van al monte Oración a ayunar y orar, reciben respuestas concretas a sus oraciones. Dios está siempre dispuesto a contestar nuestras oraciones, pero a menudo nuestra actitud no es la adecuada cuando oramos. Por medio del ayuno y de la oración, le decimos a Dios que estamos dispuestos a cambiar nuestras actitudes. Entonces quedamos dispuestos a orar según su voluntad, y por tanto recibiremos las respuestas que El promete.

El ayuno y la oración son parte de nuestra comunión con el Espíritu Santo. Todos, empezando por el mismo pastor, necesitamos esa clase de vida de oración y esa forma de comunión.

13 / CÓMO ESTIMULAR A LOS DIRIGENTES LAICOS

He sostenido siempre que el éxito de los grupos familiares depende de la orientación que proporcione el pastor, de que haya dirigentes laicos bien adiestrados, y de la comunión constante con el Espíritu Santo. Sin embargo, opino que es necesario otro requisito, para que el sistema de los grupos familiares funcione sin tropiezos: la motivación. También los buenos líderes necesitan sentir entusiasmo por lo que están haciendo.

Cuando un niño viene a este mundo, tiene hambre de dos cosas: alimento y amor. Si los padres no le proporcionan ambas cosas, el niño morirá de inanición de una manera o de otra. Aunque los padres le proporcionen al bebé todo el alimento que necesite para su nutrición física, si no lo tocan, si no lo acarician y lo abrazan, desde el punto de vista psicológico el niño no crecerá de manera adecuada, y es posible que muera.

Los adultos también sienten necesidad de que se les toque, de que se les abrace, de que se les bese. Tienen sed de afecto. Sin él, también nosotros, los adultos, padeceríamos de hambre desde el punto de vista psicológico. Para tener un hogar feliz, los esposos necesitan demostrarse afecto con frecuencia. Los amigos también necesitan que se les toque con amor: un caluroso apretón de manos, unas palmadas en la espalda, a veces un intercambio de golpes amigables. Esas cosas hacen que se sientan llenos de vida.

Sin embargo, deseo ir más allá de ese contacto con la persona exterior para demostrar que nosotros los humanos también necesitamos que se nos toque interiormente para así estimularnos a actuar de manera amorosa. El pastor y los laicos necesitan trabajar en equipo para formar a los dirigentes de los grupos familiares. No es posible que los pastores lleven toda la carga de la evangelización para hacer que la iglesia crezca; por tanto, es necesario que se estimule a los dirigentes laicos para que asuman la parte del trabajo que les corresponde. Eso significa que el pastor necesita saber cómo llegar hasta el interior de los laicos para impulsarlos a actuar. Entonces podrá alcanzar grandes logros a través de ellos.

Deseo demostrar aquí cómo tocar el yo interior para que los laicos se unan al pastor en su afán de llevar adelante la tarea de la evangelización.

Para impulsar al yo interior a la acción, debemos llegar hasta la personalidad misma, y eso se logra de tres maneras:

1. *Reconocimiento.* Todas las personas nece-

sitan que se les reconozca. En la Iglesia Central del Evangelio Completo, les otorgamos certificados de reconocimiento por los logros especiales alcanzados a los distintos dirigentes, incluso a los dirigentes de los grupos familiares. Por ejemplo, hace poco firmé un certificado para una maestra de la escuela dominical, en reconocimiento de sus ocho años de fieles servicios. Aquel pedazo de papel costó muy poco; sin embargo, mi firma en el certificado le demuestra a la maestra que sus esfuerzos han sido reconocidos y apreciados. Como es natural, eso la llena de un nuevo entusiasmo.

Lo mismo sucede con los dirigentes de los grupos. Si no se les reconoce a menudo, no se sentirán impulsados a hacer los esfuerzos necesarios para continuar la tarea de evangelización de manera ininterrumpida. En nuestra iglesia celebramos una convención de dirigentes de grupo dos veces al año. Todos los dirigentes se reúnen en la iglesia para una conferencia de tres días, durante la cual yo les hablo. Es posible que no recuerden todas mis pláticas de esos tres días, pero jamás olvidarán el hecho de que nos preocupamos lo suficiente por ellos como para darles la atención debida. Se dan cuenta de que son personas muy especiales, y eso tiene un efecto maravilloso: los impulsa a actuar. Una vez terminada la conferencia, se les otorga una mención en reconocimiento por sus logros durante los seis meses anteriores. Atesoran el certificado, recuerdan la conferencia y se sienten importantes.

Ese reconocimiento también tiene la misma importancia en el hogar. Un esposo debe reconocer el trabajo de su esposa con regularidad, como también la esposa debe reconocer el de su esposo. Un regalo para celebrar algo en especial siempre se aprecia, y hace que la persona festejada sienta que es importante para su cónyuge.

Una vez al mes, juego golf con los hombres de negocios de nuestra iglesia. Esos hombres contribuyen con buena parte de su tiempo, energía, dinero y capacidades directivas a la iglesia. Vamos juntos al campo de golf, bromeamos y reímos y nos damos palmadas en las espaldas. Al terminar el juego comemos juntos. La tarde de golf puede durar de cuatro a cinco horas. Durante ese período es muy probable que cometa errores en el juego, pero reímos cuando eso sucede y disfrutamos de una fraternidad muy íntima. Puesto que tenemos esa relación tan especial, esos hombres sienten un gran estímulo, y jamás se les ocurriría retirarse de la iglesia. Se sienten reconocidos.

Nunca dejo de estimular y de reconocer a mis dirigentes de grupo. Los estimulo por medio del mensaje semanal que grabo en "cassettes"; por medio de la televisión de circuito cerrado en la iglesia, y a menudo por medio del reconocimiento que les otorgo durante los servicios de los domingos. Además, por supuesto, los estimulo a través de los seminarios extraordinarios. Por tanto, todos los dirigentes de grupo están convencidos de que son personas muy especiales en nuestra iglesia: Han recibido un llamado especial. Se les reconoce de manera especial. Su pastor siente una simpatía muy especial por ellos. Eso les sirve de gran estímulo.

2. *Elogio.* Debemos tratar siempre de ver en los demás sus buenas cualidades o sus obras, para luego elogiarlos por ellas y por sus logros. Eso es lo que en realidad, le da nuevas energías al corazón. Cuando un esposo no sabe cómo elogiar la comida que le sirve su esposa, pronto morirá de inanición. Y si una esposa no elogia a su esposo por haber hecho algún trabajo en la casa, a él pronto le faltará el deseo de continuar trabajando.

Todos nacemos con el deseo de ser reconocidos. Cualquier pastor que desee ser el verdadero dirigente de su iglesia, debe aprender a elogiar los logros de sus laicos. Si no sabe cómo hacerlo, carece de los requisitos necesarios para orientarlos. Sin elogios, las personas no se sienten impulsadas a actuar.

Cuando se trata de la educación de nuestros hijos, no podemos inducirlos a aprender por medio del castigo. Hubo una época cuando los niños de Corea tenían gran temor de sus profesores y de sus padres. El castigo corporal era en aquellos tiempos una especie de móvil negativo para inducir al estudiante a obtener buenas calificaciones en la escuela. Sin embargo, cuando la cultura de occidente empezó a sentirse en Corea, los niños empezaron a tener menos respeto por los profesores y hasta por sus propios padres. El profesor se convirtió en un sirviente.

Hasta la vida del hogar ha sido afectada por la cultura de occidente. En el pasado, las esposas obedecían a sus esposos; hoy día, al igual que en los Estados Unidos, se aboga por la igualdad de derechos.

En nuestra sociedad de hoy, la mejor manera de inducir a actuar a una persona, no es buscándole las faltas, sino apreciándole sus buenas cualidades y características y pasando por alto sus debilidades. Cuando se elogia a las personas por sus buenas cualidades, se les ayuda a corregir sus defectos.

El elogio es el mejor camino para estimular a una persona, aun en la obra cristiana. Yo trato por todos los medios de elogiar a las personas de nuestra iglesia: mis pastores auxiliares, los ancianos, los diáconos y diaconisas y los dirigentes de grupo. Cada vez que alguien hace un trabajo excepcional, me cerciono de que se le reconozca y se le elogie por su labor. Le doy una palmada en la espalda y le digo: — ¿Cómo pudo usted lograr eso? ¡Es estupendo! ¡Es fantástico!

Cuando esto se hace con verdadera sinceridad, y ésta se demuestra mediante el tono de la voz y la expresión del semblante y se acompaña con una palmada en la espalda, esa persona lo recordará durante todo un año. Así es como funciona el elogio en nuestra iglesia.

3. *Amor.* Para poder motivar a las personas, tenemos que amarlas de verdad. Esto se nos nota siempre en el semblante, en el tono de nuestra voz y en todos nuestros actos. El ser humano reacciona favorablemente ante el amor

que sabe sincero. Yo mismo reacciono ante el amor. Al subir al púlpito de la Iglesia Central del Evangelio Completo, puedo sentir el amor sincero que irradian los miembros de la congregación. Nuestra gente me ama tanto que eso me estimula mucho y me impulsa a tratar de ayudarla con todas mis fuerzas. Nunca la desatenderé y nunca la olvidaré.

También yo amo mucho a los miembros de mi congregación, y ellos lo saben. No tengo ni que decirlo, pero lo siento, y las personas se sienten conmovidas por el interés sincero que les demuestro.

Para resumir, siempre observo las tres normas siguientes, para estimular a las personas de nuestra iglesia: (1) *Reconocimiento*. Si yo les demuestro que son personas importantes, jamás se sentirán inferiores, pues de sentirlo desarrollarán un complejo de inferioridad, y todo habrá terminado para ellas y también para la iglesia. (2) *Elogio*. El elogio derrama bálsamo y calor en su corazón. (3) *Amor*. Les brindo amor sincero.

Los miembros de la Iglesia Central del Evangelio Completo son personas llenas de entusiasmo, que tratan por todos los medios de trabajar para el Señor.

Si por alguna casualidad, cuando regreso a casa de noche, mi esposa no se encuentra en la casa, siempre espero por ella. No ceno si ella no está allí. Aunque me sienta desfallecido de hambre, espero siempre su regreso. Entonces, cuando ella llega a casa, me dice: — ¿Por qué has esperado? ¿Por qué no has comido?

Yo le respondo: — Cariño, la comida no tiene sabor si tú no estás aquí.

Mi esposa se siente la reina de mi hogar, porque la reconozco, porque la elogio y porque le demuestro amor sincero. Ninguna esposa deseará abandonar a un marido que la trata de esa manera. — Me necesita — dirá —. No puede vivir sin mí.

En Corea, el cincuenta por ciento de los maridos les son infieles a sus esposas. La razón que he oído una y otra vez es que no se les reconoce: — Mi esposa no me comprende — dice el esposo —. Voy donde me reconocen y me comprenden. Deseo sentir que soy alguien.

Son muchas las esposas que pierden a su esposo porque no le dan el mérito debido. De igual manera, muchos esposos pierden a su esposa por la misma razón. Todo el mundo necesita sentirse importante: cada día, cada hora, cada minuto. Es una necesidad psicológica. Por tanto, debemos reconocernos mutuamente en nuestros hogares. . . y en nuestras iglesias y grupos familiares.

Si somos capaces de demostrarnos reconocimiento, de elogiarnos, y de testimoniarnos amor sincero, todos nos sentiremos impulsados a alcanzar logros importantes.

Muchas personas están capacitadas para organizar, y pueden hacerlo muy bien. Sin embargo, una organización — por estupenda que sea — no funcionará de la manera debida, si las personas que la integran carecen del incentivo necesario para hacer el trabajo.

Mencioné antes que en una iglesia de los Estados Unidos se trabajó con gran empeño en la organización del sistema de grupos familiares, y que yo visité la iglesia para ayudarles a establecerlo. Sin embargo, no transcurrió mucho tiempo antes de que el sistema empezara a tambalearse. El motivo fue que el pastor había dejado todo el trabajo en manos de uno de sus pastores auxiliares, sin contribuir él mismo al sistema. Luego, cuando éste empezó a fallar, vino a mí y me preguntó en qué había fallado. Al compartir su problema conmigo, me di cuenta al instante, de dónde había estado su error.

— A pesar de que usted creía que los grupos familiares eran muy importantes para la vida de la iglesia — le dije —, no le demostró ese interés a su congregación. Lo dejó todo en manos de uno de sus subalternos, y se lavó las manos. Ante los ojos de su congregación, usted no estaba muy interesado en los grupos familiares. No impulsó a actuar a sus dirigentes.

En nuestra iglesia, jamás dejo la dirección del programa de los grupos en manos de uno de mis subalternos. Yo personalmente soy el dirigente. Todos los miércoles por la tarde estimulo a los dirigentes mediante el sistema de televisión de nuestra iglesia. Dos veces al año, yo mismo dirijo los seminarios para los dirigentes de grupo. Nunca permito que otra persona dirija esas reuniones. Estoy siempre presente, y eso les demuestra a los miembros que los considero importantes.

Algunas otras iglesias han tratado, sin éxito, de establecer grupos familiares, debido a que el pastor no participa de manera directa en ellos. Siempre les digo a los pastores que asisten a mis seminarios sobre crecimiento de la Iglesia, que si ellos no toman las riendas, les será imposible hacer que trabajen sus dirigentes de grupo y sus miembros, y el programa fracasará.

Si el pastor asume realmente la dirección de los grupos familiares, y toma parte activa en su organización; si adiestra a los dirigentes y los estimula de manera constante, responderán con gran entusiasmo. Se darán cuenta de que son importantes, trabajarán sin descanso y harán una buena labor.

Entonces tendrán éxito los grupos familiares y se iniciará el verdadero crecimiento de la Iglesia.

14 / LA PREDICACIÓN EN UNA IGLESIA EN CRECIMIENTO

He mencionado ciertos requisitos previos para el establecimiento de una iglesia fuerte y creciente, a base de los grupos familiares: la comunión con el Espíritu Santo, la delegación de la autoridad en un grupo de dirigentes laicos, la formación de esos dirigentes y el estímulo constante. Ahora desearía discutir otro factor más: la predicación.

Para algunos, el tema podría parecer obvio; sin embargo, no es tan sencillo como parece a primera vista. La forma de predicar puede ser a menudo un elemento decisivo para que la iglesia crezca mediante los grupos familiares.

En el capítulo 12 mencioné mi sumisión al Espíritu Santo. La comunión íntima con el Espíritu Santo es esencial. Por medio de su íntima presencia en nuestras vidas, recibimos la inspiración y la unción necesarias para llevar el mensaje que necesita nuestra congregación en cada servicio.

Gracias a la comunión con el Espíritu Santo, siento verdadera unción cuando salgo a predicar. ¡Qué diferente es todo cuando se tiene esa unción! Es particularmente necesaria para los sermones expositivos de las reuniones de los miércoles por la noche, y las reuniones de oración de los viernes, que duran toda la noche.

Cuando empecé a enseñar la Biblia versículo por versículo los miércoles por la noche y comencé con el Génesis con la intención de estudiar todas las Escrituras hasta el Apocalipsis, algunas personas me advirtieron que la asistencia sería muy pobre.

— Si usted predica sobre un tópico determinado el domingo, la gente vendrá — me dijeron —, pero si se limita a enseñar la Biblia versículo por versículo, perderá el interés.

— Estoy de acuerdo en que tienen razón — les dije —. Si enseñamos la Biblia versículo por versículo de acuerdo con mis propios conocimientos, nadie deseará escuchar. Sin embargo, si subo al púlpito junto con el Espíritu Santo, vendrán, pues será a El a quien escucharán.

Por tanto, me confié al Espíritu Santo y me lancé a la aventura. En ocasiones enseñaba durante dos y tres horas, y todos permanecían como hechizados en sus asientos. No sólo crecían en gracia, sino que en verdad disfrutaban de la experiencia.

Ahora bien, me doy cuenta de que en algunos de los capítulos resultó tedioso, en particular cuando se estudian libros como el Levítico, porque cualquiera se siente morir al analizar versículo por versículo los minuciosos requisitos de la ley hebrea. Sin embargo, no cabe más que enseñarlos, ya que todas las Escrituras son importantes para el crecimiento espiritual de la persona.

A medida que dependo más y más del Espíritu Santo, tanto en mis sermones de los domingos, como en mis enseñanzas por las noches entre semana, me interesan menos la filosofía y los conocimientos de historia que adquirí en la Escuela Bíblica en los primeros tiempos de mi ministerio. Después de veintitrés años de predicar, he podido observar que sólo la Palabra de Dios le da nueva vida y entusiasmo a la gente. Hubo una época en que predicaba casi como un filósofo, y mis predicaciones eran muy profundas. No obstante, eran pocas las personas a quienes lograba convertir.

Hoy predico de manera sencilla — quizá de manera indocta para el mundo que nos rodea; sin embargo, en lo que atañe a las Escrituras, voy muy profundo. Cuando comencé a confiar cada vez más en la Biblia hasta depender de ella de manera total, empezaron a aumentar las conversiones, incluso entre los intelectuales de la ciudad. La enseñanza de la Biblia bajo la unción del Espíritu Santo es algo muy poderoso.

En mi predicación también me fijo un objetivo definido. Nunca predico como al azar. Mi objetivo constante es ayudar a las personas para que conozcan a Cristo de manera personal, no sólo los domingos, sino los miércoles, los viernes y siempre que se me llame a predicar. El enfoque de cada sermón es que cada persona conozca a Cristo Jesús mediante mis palabras. Los que no son creyentes, tienen la oportunidad de conocerlo y de convertirse, y los que son creyentes, pueden encontrarse con El de nuevo y lograr una fe más profunda.

El segundo objetivo de mi predicación es ayudar a las personas a tener éxito en la vida: en el espíritu, en el alma, en el cuerpo y en los negocios. En la medida en que los miembros de mi congregación triunfan en el hogar, en su negocio o profesión y en sus relaciones con otras personas, yo también triunfo. Así como yo deseo tener éxito como ministro, también trato de que los miembros de mi congregación alcancen el éxito. Mi propio éxito es en realidad una meta secundaria. Los miembros de mi congregación son los llamados a triunfar primero.

Por último, el objetivo de mi predicación es ayudar a las personas a servir a Dios y a los demás de la manera más eficaz. Una vez que las personas encuentran a Cristo Jesús y triunfan en su propia vida, deben usar el poder y el éxito de la nueva relación que han establecido con Cristo, para servir a Dios y a las otras personas con su fortaleza espiritual, mental y física, y también con su prosperidad económica. (No me disculpo por el logro del éxito económico, porque es una manera de servir a Dios y de ayudar a los demás. El presupuesto de nuestra iglesia es suficiente para que llevemos adelante la evangelización, no sólo en Corea, sino en Japón, en los Estados Unidos, en Europa y en otros lugares. En realidad, un éxito de esa índole entre nuestros miembros, es un milagro, dado que somos ciudadanos de un país del Tercer Mundo. A decir verdad, si ellos no hubieran alcanzado la prosperidad material, nos sería imposible sufragar los gastos de nuestro extenso programa. En la Iglesia Central del Evangelio Completo no hablamos de la depresión, de la escasez de petróleo o de otras dificultades. Mientras otros negocios tienen poca actividad, nuestros miembros prosperan, aun a pesar de la seria inflación y depresión económica que hemos venido sufriendo en Corea desde 1980. A pesar de eso, las ofrendas aumentan en nuestra iglesia domingo a domingo.)

Todos mis sermones, ya sea en Corea, en Japón, en los Estados Unidos o en Europa, tienen tres objetivos: llevar a las personas a Cristo Jesús, hacerlas prosperar y estimularlas para que sirvan a Dios y a sus semejantes. Sólo entonces puedo considerar que la base de mi ministerio es sólida.

Ahora bien, usted podría preguntarme por dónde empiezo en mis prédicas. Siempre empiezo por la bondad de Dios. Esa es la teología más importante.

Hasta que cumplí los diecinueve años, era un devoto budista. Creía que el budismo era la religión más perfecta del mundo. En su teoría (en términos de teología) el budismo es muy profundo. Si embargo, cada vez que iba al templo, sentía temor de los ídolos. Oraba y le pedía a Buda que no me castigara. Toda mi relación con la religión budista tenía como base el ritualismo y la responsabilidad, fundamentados en el temor. En el budismo, mi fe nacía del temor, no del amor. El dios del budismo no era un dios de amor sino un dios de castigo.

Cuando me convertí al cristianismo, Cristo Jesús no sólo me salvó el alma sino que también me sanó de la tuberculosis y me levantó de mi lecho de muerte. Luego, cuando fui bautizado en el Espíritu Santo, el amor de Dios entró a torrentes dentro de mi alma. Las dos cosas más importantes que experimenté como cristiano fueron el amor y la bondad de Dios.

Verdaderamente, Dios ha sido muy bueno conmigo. Cuando lo acepté, era muy pobre. Había abandonado mis estudios durante mi primer año de escuela secundaria. Mi padre no estaba en condiciones económicas de enviarme a la escuela por más tiempo, y me encontraba muy débil a causa de la tuberculosis. Según todas las apariencias, no tenía futuro. Sin embargo, mediante mi nueva relación con Cristo Jesús, y mediante la lectura de la Biblia, logré llegar a tener una fe positiva. Debido a esa fe, Dios me sacó de toda aquella situación tan difícil y me dio la salud, las riquezas, los conocimientos, la victoria y todo lo que necesitaba. Todo lo que poseo se lo debo a Dios.

Debido a mi relación con Dios, y debido a que lo conozco como un Dios bueno y un Padre amoroso, ese es el Dios que yo predico. No obstante, me he encontrado con muchas personas que me dicen que se les ha predicado un

Dios irascible y vengativo. Por eso, les es difícil concebir que hay un Dios amoroso y bueno.

No hace mucho tiempo, mientras predicaba en Alemania, una mujer se me acercó y me pidió que orara por ella y por su esposo. Ella le tenía verdadero terror a Dios desde que una bomba mató a sus padres durante la Segunda Guerra Mundial. Ahora su esposo sufría de una gran depresión neurótica, y temía perderlo al igual que había perdido a sus padres.

Empecé por hablarle de la bondad de Dios, de cómo El había creado el mundo y lo había encontrado bueno. — El es el Dios que trató de traer el bien a un mundo lleno de pecado y enfermedad, al darnos a su Hijo Jesucristo — le dije —. El es un Dios bueno, y es su Padre y mi Padre.

— Cambie de manera de pensar — le dije —, y empiece a ver a Dios como un Dios bueno. Alábelo y dígale: "Te amo, Padre. Eres un Dios bueno, y deseas que haya bondad en mi vida."

— Tengo miedo — me dijo —. Nadie me ha enseñado eso antes.

— Bien, pues se lo estoy enseñando ahora — le dije —. No tema. Sólo cambie la imagen que tiene de Dios.

Entonces empezó a repetir conmigo: — Dios es un Dios bueno. El es mi Padre bueno. El desea darles cosas buenas a sus hijos. El es bueno. El es bueno.

No tardó en sentirse liberada y empezó a reír. Poco tiempo después, su esposo se sanó del todo de la opresión neurótica que sufría.

Creo que cuando predicamos un Dios bueno, liberamos a las personas de la esclavitud. La esclavitud procede del enemigo. El demonio tergiversa la teología para esclavizar a las personas por medio del terror y de la desolación. ¡Muchos predicadores se han limitado a enseñar a sus congregaciones a temer al Dios que castiga, y les han dicho que no esperen nada de El!

Yo soy padre. Tengo tres hijos varones, y hago todo lo posible por darles cosas buenas a mis hijos. Y la Biblia dice: "Pues si vosotros, siendo malos, sabéis dar buenas dádivas a vuestros hijos, ¿cuánto más vuestro Padre que está en los cielos dará buenas cosas a los que le pidan?" (Mateo 7:11).

Es sumamente difícil persuadir a algunos cristianos a que piensen en Dios de esa manera, puesto que están convencidos de que siempre tendrán que sufrir y luchar para ser buenos cristianos. Piensan que debemos sufrir tribulaciones constantes y vivir en la más abyecta pobreza para ser buenos cristianos. Bien, si nuestros sufrimientos les proporcionaran cualquier gracia redentora a otras personas, entonces doy por justificado ese sufrimiento.

La Biblia dice que debemos sufrir junto con Cristo pero, ¿sufrió El alguna vez a causa de algún pecado propio? ¿Estuvo enfermo alguna vez? ¿Sufrió en algún momento la opresión de Satanás? No, nunca sufrió por esas cosas. ¿Sufrió pobreza alguna vez? Es cierto: El sufrió, pero de manera redentora, según 2 Corintios

8:9: "Porque ya conocéis la gracia de nuestro Señor Jesucristo, que por amor a vosotros se hizo pobre, siendo rico, para que vosotros con su pobreza fuéseis enriquecidos."

Si la Biblia nos ordena sufrir junto con Cristo Jesús, ese sufrimiento no debería ser motivado por el pecado, la enfermedad, el demonio, la maldición o la pobreza. Entonces, ¿por qué sufrió El? Por la persecución. Sólo sufrió por la causa del Evangelio, porque fue perseguido. Por tanto, tampoco nosotros debemos aceptar el sufrimiento, si no se debe a la persecución. Y si ese sufrimiento no conlleva un resultado redentor, entonces habrá sido en vano.

No creo que pueda llegar a ser pobre. Sufriría la pobreza con gusto si con ella consiguiera alguna gracia redentora para mis semejantes, pero he podido observar que tratar de convertirme en pobre es la cosa más difícil de mi vida. Cuando construía la nueva iglesia en la isla Yoido, me desprendí de todo. . . hasta de mi casa. Sin embargo, Dios siempre me devolvía mucho más de lo que yo daba. Eso está de acuerdo con la Biblia. Por tanto, he desistido; no tengo esperanza alguna de convertirme en pobre.

Ahora bien, si Dios enviara a los comunistas a apoderarse de mi país, y yo sufriera como consecuencia de ese acto, mi sufrimiento debido a la persecución sería justificado. O si alguien se ofrece a ser misionero, y renuncia a su hogar y a las comodidades de la sociedad occidental para llevar a Jesucristo a los moradores de las selvas de Nueva Guinea, entonces ese sufrimiento sería un sufrimiento redentor. Sufre por la falta de todas las comodidades de la civilización, pero ese sufrimiento tiene un propósito.

De ahí que mis sermones tengan como base la bondad de Dios. Después predico también sobre la sangre de Cristo. La base de mi sermón y de mi fe es siempre la sangre de Cristo, pues sin la sangre de Cristo no hay redención, y si no hay redención no hay razón para perseverar en nuestra fe.

Jesús derramó su sangre en cuatro ocasiones. La primera fue la oración de Getsemaní. Allí sudó gruesas gotas de sangre, y esa sangre tenía un significado especial para los redimidos. Vertió su sangre mientras decía: "Pero no se haga mi voluntad sino la tuya." El primer Adán desobedeció a Dios para hacer su propia voluntad. En cambio, en el huerto de Getsemaní, el nuevo Adán, Jesucristo, se ofreció a sí mismo y sometió su voluntad humana a la obediencia a Dios. Como Sumo Sacerdote de su pueblo, ofreció a Dios la desobediente voluntad de ese pueblo, y la redimió.

Podemos decir de manera categórica que el Espíritu Santo de Dios puede ayudarnos a obedecer la voluntad de Dios, puesto que la sangre de Jesucristo habla aún en nuestros días. Esa sangre redime nuestra desobediencia, heredada de nuestro primer padre, el primer Adán.

La segunda vez que Jesús vertió su sangre fue cuando le colocaron la corona de espinas sobre la cabeza. Las espinas le desgarraron la piel y la sangre manó de sus sienes. ¿Qué representa esa sangre? Simboliza la maldición. Cuando Adán y Eva cayeron en desgracia, dice la Biblia que la tierra fue maldita y que produciría espinas y cardos. Las espinas son el símbolo de la maldición. Al derramar su sangre, Jesús redimió a su pueblo de esa maldición.

En la actualidad, hay muchas personas, incluso creyentes, que viven en el terreno espinoso del odio, el temor y la inferioridad. Sin embargo, la sangre de Jesucristo se levanta contra esa maldición para redimirnos de ella.

La tercera vez que Jesús derramó su sangre fue cuando recibió los azotes atado a la columna. Los soldados romanos lo despojaron de sus vestiduras y le desgarraron la piel con los azotes. La sangre brotó de las heridas a raudales y le corrió por la espalda. En esa ocasión, derramó su sangre para sanarnos, pues dice la Biblia: "Por su llaga fuimos nosotros curados" (Isaías 53:5). Eso jamás debemos olvidarlo, pues esa sangre habla aún hoy.

Por último, Jesús derramó su sangre clavado en la cruz del Calvario, cuando el soldado romano le abrió el costado con una lanza. Manaron sangre y agua, y el derramamiento de esa sangre nos redimió totalmente del pecado y de la muerte.

Por tanto, sin el derramamiento de sangre no habría redención. Sin esa sangre no tenemos base alguna para predicar en contra de Satanás. Sin embargo, una vez que fundamentamos nuestro mensaje sobre la sangre de Cristo Jesús, se nos abre un campo muy amplio para proclamar victoria sobre Satanás. En mis sermones, tomo como base la sangre de Cristo Jesús y edifico la fe de los miembros de mi congregación, para que no teman a nada. Llevo la fe a sus corazones.

Cuando los miembros de nuestra iglesia salen para regresar a su casa o negocio, no viven únicamente según las circunstancias que los rodean, sino que viven por fe. La Biblia dice: "El justo por la fe vivirá" y "conforme a vuestra fe os sea hecho". Si no les inculcamos la fe a nuestros miembros, no tendrán motivo para proclamar victoria. La fe les llega sólo a través del mensaje del ministro. Si el ministro sólo les da una fe débil y vacilante, el demonio se aprovechará para destruir esa poca fe. Sin embargo, si tiene por base la sangre de Cristo, el demonio no podrá soportarla.

Después de cimentar mis sermones sobre la bondad de Dios y la redención mediante la sangre de Jesucristo, edifico sobre la base de una vida triunfante. Es un principio bíblico innegable. . . desde el Génesis hasta el Apocalipsis. Este principio del éxito se demuestra de muchas maneras. Si usted desea tener éxito financiero en su negocio, debe aplicar el principio de la siembra y la cosecha, pues la Biblia dice: "Dad, y se os dará; medida buena, apretada, remecida y rebosando darán en vuestro regazo; porque con la misma medida con que medís, os volverán a medir" (Lucas 6:38). ¿Cómo mantener la vida del hogar alegre y sana? Santificando el domingo, no haciendo ningún trabajo, adorando a Dios en compañía de la familia. ¿Cómo alcanzar el éxito en los negocios? Poniendo en práctica los principios de fe del capítulo once de la epístola a los Hebreos.

Yo les enseño esos principios del éxito a los miembros de mi iglesia y ellos los aplican a su vida, de la misma manera que nosotros, los dirigentes de la iglesia, ponemos en práctica los principios del crecimiento de la Iglesia mediante los grupos familiares. ¡Y la gente triunfa! Por tanto, no tengo necesidad de ser elocuente — es más, no tengo la menor intención de llegar a serlo — porque he hecho de mi púlpito un lugar desde el cual aconsejo a mi congregación.

Por consiguiente, la mejor manera de predicar es aconsejar a las personas y ayudarlas a hacerles frente a sus necesidades. Si vienen a la iglesia, es porque tienen grandes necesidades, pero si el predicador sólo habla de teología, historia o política, las defraudará en sus esperanzas y nunca las ayudará en su vida personal, que es donde están necesitadas de un mensaje orientador. Lo que harán será dormitar en sus asientos.

En una ocasión, cuando regresaba a Corea después de un viaje a los Estados Unidos, hice una escala de un día en Japón. Temía que si regresaba a Corea el sábado tendría que pasar apuros en el púlpito al día siguiente. Por consiguiente, tenía una buena excusa para tomarme un día libre.

Ese domingo decidí ir a una iglesia cristiana japonesa, y el ministro de la iglesia que escogí, usaba palabras altisonantes. Tenía un vocabulario tal, que hubiera hecho falta una enciclopedia para entenderlo. Hay muchos ministros como ése, y no sólo en el Japón. Creen que cuanto más extenso es su vocabulario, más importante será su ministerio. Sin embargo, esos ministros no se dan cuenta de que la congregación comprende menos del cincuenta por ciento de su predicación. Entonces, si la congregación no comprende lo que el ministro ha dicho, es posible que diga: — ¡Qué profundo es nuestro ministro! ¿Verdad que es un erudito? — Pero cuando se pregunta cuál fue el tema de la predicación, nadie sabe decirlo.

El ministro de la iglesia a la que asistí aquel domingo era uno de los ministros más importantes de Japón. Sin embargo, me sentí incómodo y me retorcí en el asiento. Me parecía que si aquella hora no terminaba pronto, me moriría. No llenaba la necesidad de mi corazón ni la de su congregación. En cambio, hablaba sobre la política internacional y empleaba palabras rebuscadas que yo no comprendía.

Ahí estriba la dificultad que tienen muchas iglesias; la razón por la cual la gente no va a ellas. ¿Para qué ir a una iglesia cristiana donde no se habla de las necesidades de la gente ni de lo que su corazón pide a gritos? No en balde las iglesias en muchos lugares, entre ellos Japón, se consideran afortunadas cuando tienen una congregación de cien miembros.

Yo trato por todos los medios de que mis sermones se basen en las necesidades de la gente. En una serie de sermones, por ejemplo, prediqué sobre "Cómo vencer la depresión". La gente habla sin cesar de la depresión, así como de las dificultades en los negocios y de los problemas económicos. Por tanto, cuando predico sobre la forma de tener éxito en esos campos, la gente viene a la iglesia y se sienta hasta en los pasillos para oír el sermón. Otros permanecen de pie en la parte de atrás de la iglesia, y llenan el gimnasio y varias capillas, desde donde pueden observar y escuchar por medio de la televisión de circuito cerrado. (Nuestra iglesia tiene cabida para diez mil personas pero, por lo regular, se aglomeran hasta unas quince mil en cada uno de los servicios del domingo.) Saben que el sermón tratará sobre la solución de sus problemas.

Además, trato de que el sermón se relacione con la vida actual. Muchos jóvenes abandonan otras iglesias, porque sienten que lo que allí sucede no es para ellos. Dicen: "Regresaremos cuando tengamos sesenta años de edad y los sermones nos atañan. Entonces nos podremos preparar para el cielo, porque eso es todo lo que al parecer predican los ministros: la preparación para el cielo. Sin embargo, ahora vivimos en la tierra y el mensaje no es el que hace falta para la vida de hoy."

Por regla general, las personas juzgan los sermones de acuerdo a sus propios intereses. Les interesa lo que perderían o ganarían, y se

preguntan: — ¿Qué saco yo de ese sermón?
— Ahora bien, cuando el sermón responde a sus
necesidades, si en verdad le sacan algo para su
vida personal, vendrán a escucharlo, aun cuando no haya aire acondicionado ni calefacción en
la iglesia.

Los que van a la bolsa de valores no se
preocupan de la hora, del clima ni de los
inconvenientes, y permanecen de pie con los
ojos fijos en las luces que les dan los precios de
compra y de venta de sus acciones. Están
interesados — en ocasiones con desesperación — en saber si han perdido o ganado algo.

De la misma manera juzga la congregación
nuestros sermones. No está interesada en la
elocuencia, sino en saber si ha de ganar o perder
algo.

Por último trato de levantar el ánimo de mis
oyentes con mis sermones. Trato de inculcarles
con mis palabras la fe, la esperanza y el amor;
trato de enseñarles cómo ser cristianos próspe-
ros. Jamás los golpeo verbalmente para abatir-
los. A menudo, cuando un recién graduado de
la escuela bíblica viene a predicar a nuestra
iglesia, lo primero que hace es condenar a las
personas y machacar sobre la teología del juicio.
Luego se dice a sí mismo: — ¡Qué estupendo
mensaje he predicado!

Sin embargo, ese no es nuestro propósito
como ministros. No estamos aquí para condenar
a las personas sino para inspirarlas y llevarlas
por el camino recto. La ley mosaica fue dada
para condenar, pero la gracia de Jesucristo fue

dada para redimir. El sermón más fácil de predicar — pero el más funesto — es el sermón en el cual se condena. Si se emplea la espada de los Diez Mandamientos, es muy fácil condenar a una persona. No obstante, nuestra misión es inspirar a las personas, llevando la fe, la esperanza y el amor a su corazón. Tanto los padres, como las madres, los cónyuges y los hombres de negocios, desean saber cómo ser creyentes triunfadores gracias a Jesucristo.

Esa es mi filosofía, y creo que es también la filosofía de la Biblia. Por supuesto que hablo contra el pecado, pero no lo hago condenando, sino de manera constructiva. Digo que si se vive en pecado se va al infierno, pero siempre presento la respuesta: cómo salir del pecado por medio de la sangre de Jesucristo. Jamás dejo a nuestra congregación con la sensación de estar condenada.

En Norteamérica, el doctor Robert Schuller tiene un gran público en todo el país. La razón es que siempre predica que necesitamos pensar en las posibilidades que le ofrece la vida al creyente, y les lleva fe, esperanza y amor a los corazones de los que lo escuchan. Cuando estoy en los Estados Unidos y me encuentro el domingo en la habitación de algún hotel con deseos de ver un programa cristiano por televisión, sintonizo la "Hora del Poder", del doctor Schuller. Sé que puedo confiar en que tratará de llevar fe, esperanza y amor a mi corazón. Sus sermones siempre me inspiran.

He escuchado a otros predicadores, incluso a

algunos evangelistas famosos, y al oírlos apago el televisor. Insisten en condenar a las personas, y me siento tan deprimido que termino por perder el deseo de orar. En prédicas como esas, no se tiene en cuenta la sangre de Cristo, que nos ha redimido del pecado.

Por esa razón, predico sobre la fe, la esperanza y el amor. Sé que mi predicación va dirigida a las necesidades de las personas, y que ese tipo de sermones las inspira.

Esa es mi manera de predicar y esa es mi vida. Hasta la fecha, he tenido mucho éxito; no sólo en Corea sino también en otras partes del mundo. Puedo predicar durante una, dos o hasta tres horas, y la gente permanece notablemente atenta. ¿Por qué? Porque el sermón responde a sus necesidades. Les levanto el ánimo a mis oyentes al llevar fe, esperanza y amor a su corazón. Esas personas me escuchan porque sienten que van a recibir algo valioso. Por eso permanecen todo el tiempo tranquilas y atentas. De ahí que permanezcan en el local y me presten toda su atención.

15 / Las ilimitadas posibilidades de crecimiento de la Iglesia

No consideraría terminado este libro si no compartiera algo más sobre cómo emplear los principios aquí enunciados para lograr que una iglesia crezca. A pesar de haberlo mencionado en uno de mis libros, *La cuarta dimensión* (Vida, 3ª edición, 1981), creo conveniente compartirlo también aquí.

Un ministro puede haber adoptado todos los principios que he enumerado aquí — delegación de autoridad y establecimiento de grupos familiares, comunión constante con el Espíritu Santo, estímulo a los dirigentes laicos y predicación interesada en las necesidades de los creyentes — y estar muy lejos de alcanzar un crecimiento ilimitado en su iglesia, tal como lo hemos experimentado nosotros en la Iglesia Central del Evangelio Completo.

En este último capítulo, desearía mostrar cómo se deben reunir todas estas cosas para lograr un crecimiento ilimitado en su iglesia. Esa es la razón por la cual tantos pastores vienen a Corea a estudiar en nuestra iglesia, como también es la razón por la cual se me invita a los distintos seminarios que se celebran en todas partes del mundo. Los pastores se preguntan: — ¿Cómo puedo yo lograr que mi iglesia crezca de esa manera?

El primer requisito para lograr un crecimiento verdadero — e ilimitado — en una iglesia, es fijar metas. Esto quizá parezca obvio, pero hay que tener en cuenta que el factor determinante es la manera de aplicar ese principio. Por desgracia, es posible fijar unas metas equivocadas y hacer luego grandes esfuerzos por exhortar a los dirigentes laicos a que traigan nuevos miembros a la iglesia. No cabe duda de que es posible lograr cierto crecimiento de esa manera, pero pasado algún tiempo se entrará en un período de estancamiento. En el crecimiento de la iglesia a que me refiero (y que se experimenta en nuestra iglesia), no hay períodos así.

Cuando inicié mi ministerio en 1958, no tenía la menor idea de lo que significaba fijar metas, y de ahí que recurriera a toda clase de recursos para atraer nuevos miembros. Todos fallaron. Durante los primeros seis meses, no llevé ni una sola alma a Cristo Jesús, y por lo tanto me convertí en un hombre frustrado. Tanto, que en ocho ocasiones estuve a punto de liar mis bártulos y dejar mi ministerio. Continué, gracias al aliento que me infundía la reverenda Jashil Choi, quien más tarde sería mi suegra.

En aquel entonces Dios me demostró, por intervención del Espíritu Santo, que debía establecer metas bien definidas, no sólo para edificar una iglesia que creciera de día en día, sino también para iniciar una vida de oración personal gloriosa. Entonces yo era sumamente pobre. Apenas tenía ingresos y vivía al día. A menudo ayunaba por la sencilla razón de que no tenía nada que comer.

Cierto día mientras leía la Biblia, sentí el impulso de pedirle a Dios con fe lo que necesitaba y de confiar en que lo recibiría. Hasta ese momento, lo único que sabía era lo que había aprendido en la escuela bíblica: que sólo podíamos pedir ser salvos por medio de la sangre de Cristo.

En aquellos momentos, mis necesidades más perentorias eran una mesa, una silla y una bicicleta. Me arrodillé y le pedí a Dios que me concediera esas tres cosas, y oré con fe verdadera. Luego esperé que El me las proporcionara. Día tras día, mes tras mes, esperaba y contaba con ellas. Sin embargo, nada sucedía.

Al fin, frustrado del todo, desanimado y descorazonado, clamé al Señor y El me habló. Era la primera vez que Dios me hablaba y que estaba seguro de que era a El a quien escuchaba. Aún no sé si me habló con voz audible o si fue una impresión que sintió mi espíritu. Sé que vi una luz brillante, y que recibí un mensaje.

Dios me dijo: — *Hijo mío, no llores. He escuchado tu oración, y te he dado una mesa, una silla y una bicicleta.*

Entonces le dije: — Padre, ¿estás bromeando? No tengo mesa, silla ni bicicleta, a pesar de haberlas estado esperando día tras día.

— Sí — me dijo Dios —, *te las he dado en*

potencia. Sin embargo, me las has pedido en términos tan vagos, que no puedo concedértelas. ¿No sabes que hay una docena de estilos de mesas, una docena de estilos de sillas y una docena de bicicletas distintas? ¿Cuáles son las que tú deseas? Especifica. Tengo mucha dificultad con mis hijos porque, a pesar de que siempre están pidiendo, no saben con exactitud lo que quieren. Te contestaré cuando me hayas pedido de manera específica.

Entonces le dije: — Padre, pruébame eso por medio de las Escrituras. — Entonces el Espíritu me ordenó que abriera la Biblia en Hebreos 11. Así lo hice, y leí desde el primer versículo: "Es, pues, la fe la certeza de lo que se espera. . ."

De inmediato, mis ojos se detuvieron en las palabras "lo que se espera". Entonces, el Espíritu me dijo: — Si no tienes una idea definida de lo que esperas o una idea definida de tus objetivos, ¿cómo puedes esperar que se te concedan? ¿Cómo puedes tener fe?

Uno tras otro desfilaron numerosos versículos de la Biblia por mi mente, y todos estos versículos me decían que debo tener siempre una meta bien definida. Por ejemplo, cuando Jesús iba camino de Jericó, se le acercó Bartimeo, un hombre ciego. Jesús y todos los que le acompañaba sabían lo que deseaba Bartimeo: sanar de su ceguera. Sin embargo, aunque sabía su necesidad, Jesús le preguntó: "¿Qué quieres que te haga?" Y el ciego le dijo: "Maestro, que recobre la vista." Y Jesús le dijo: "Vete, tu fe te ha salvado" (Marcos 10:51).

Una y otra vez pude observar en las Escrituras, que Jesús hacía preguntas categóricas y esperaba que le contestaran de acuerdo con un propósito definido.

Por tanto, al orar, comencé a pedir de manera específica, y en mi oración precisaba el tamaño y modelo de la mesa que deseaba, hecha de caoba de Filipinas, y una silla con armazón de hierro, sobre ruedas, que me permitiera moverme de un lado para otro. Luego pedí una bicicleta de fabricación norteamericana, con el cambio de velocidades a uno de los lados. Fui muy concreto en mi petición.

¡Y creí! Pasados unos meses, recibí *todas* esas cosas tal como las había pedido, lo que me hizo comprender una gran verdad. Me di cuenta de que había orado todos los días pidiendo un avivamiento y aún tenía la iglesia vacía. Sin embargo, había pedido una mesa, una silla y una bicicleta, y había recibido exactamente lo que había pedido. ¿Podría preocuparse más Dios por una mesa, una silla y una bicicleta que por la salvación de las almas?

Comprendí que mi actitud en cuanto a edificar la iglesia no era la adecuada, como tampoco lo había sido mi actitud sobre la oración. Le había pedido bendiciones a Dios y esperaba que El me inundara de ellas; sin embargo, éstas no se habían materializado porque, hasta que pedí aquellas tres cosas, mis peticiones no habían sido concretas. Entonces supe que Dios contestaría mis oraciones sólo por medio de mis propios sueños, de mis aspiraciones y de mi fe.

Sabía que, en la persona del Espíritu Santo, Dios estaba dentro de mí, lo que significaba que El no me traería las respuestas del exterior, sino que esas respuestas saldrían de dentro de mi propio ser.

Hoy comprendo que, para obtener una respuesta de Dios, tenemos que proporcionarle el material necesario para que El pueda trabajar. Si le damos poco material, las bendiciones vendrán gota a gota; pero si, por medio de la fe, logramos aumentar la cantidad de material, las bendiciones nos lloverán.

En aquel entonces sólo era capaz de pedir unos ciento cincuenta miembros. Pensaba que me contentaría por siempre y para siempre con ese número de personas en mi iglesia. Por tanto, fijé una meta definida de ciento cincuenta miembros, escribí el número en un pedazo de papel y lo fijé en la pared. También lo escribí en otros pedazos de papel y los puse por todas partes, incluso en mi billetera. Dondequiera que dirigía mis ojos veía el número 150, hasta que llegó el momento que me sentí totalmente saturado.

Comía con el número 150; soñaba con el número 150 y vivía con ciento cincuenta miembros en mi corazón a pesar de que mi congregación se componía aún de unos cuantos miembros. Pasado algún tiempo, predicaba como si me dirigiera a ciento cincuenta personas, y hasta caminaba como un pastor que tenía ciento cincuenta miembros en su iglesia.

Antes de que hubiera transcurrido el primer

año, tenía esos ciento cincuenta miembros. Durante los primeros seis meses, había hecho grandes esfuerzos, sin que lograra llevar una sola alma a Cristo; no obstante, durante los seis meses siguientes, cuando establecí una meta definida y empecé a creer de veras, Dios contestó mis oraciones y me trajo los ciento cincuenta miembros.

Con todo, una vez que los tuve, no estuve satisfecho. ¿Quién lo podía estar con ese número? Por tanto, al año siguiente establecí una meta de trescientos, y los obtuve. Un año después, la meta fue de otros trescientos, y para fines de 1961 tenía seiscientos miembros. Luego trasladamos la iglesia a la Puerta occidental, y esperamos tres mil miembros para 1964. Fue entonces cuando surgieron las dificultades, ya que por no estar organizado para ministrar a tres mil personas, me desplomé bajo la tensión cuando el número de miembros ascendió a dos mil cuatrocientos.

La necesidad de aplicar ambos principios para que la iglesia crezca de manera ilimitada, es obvia. (1) Hay que tener una visión o meta. (2) Hay que delegar autoridad en los dirigentes laicos mediante el establecimiento de los grupos familiares.

Cuando nos trasladamos a la isla Yoido y fue construida la Iglesia Central del Evangelio Completo, fijé una meta de treinta mil miembros, puesto que pensaba que como pastor, no podía ministrar a más personas. Sin embargo, cuando tuve los treinta mil me di cuenta de que podía ministrar a muchos **más**. Entonces pedí cincuenta mil, luego setenta **mil** y para fines de 1979 nuestra iglesia **había** alcanzado la meta de cien mil miembros, lo que **era** una gran realización. Sin embargo, sabía que aún podíamos ministrar a más personas.

En la actualidad, mi meta es de quinientos mil miembros para 1984. Tengo fe en que lograremos ese número, porque la visión es muy clara. Aumentamos cincuenta mil miembros en 1980, y no creo que sea difícil añadir otros setenta mil en 1981. En 1982 aumentaremos otros cien mil, y en 1983 otros doscientos mil.

Todo eso sucede sin gran alboroto y sin campañas especiales. Me basta con fijar una meta, y luego le pido a Dios por ella de manera específica. Creo con verdadera fe, y los dirigentes de los grupos familiares hacen el resto.

Además de la necesidad de fijar metas, hay otros cuatro principios que van a la par, y que están íntimamente relacionados.

El segundo de esos principios es *soñar*. Hay que tener una meta, por supuesto, pero si usted no sueña, jamás la alcanzará. El sueño (o aspiración) es la materia prima de la cual se vale el Espíritu Santo para edificar algo para usted. Cuando no se tienen aspiraciones, es imposible producir algo.

Los sueños y las aspiraciones constituyen la materia prima de que se sirve el Espíritu Santo para hacer sus obras. Opino que son el idioma del Espíritu Santo. Si usted no habla ese idioma, no cosechará frutos. El Espíritu Santo desea comunicarse con nosotros, pero si no tenemos los sueños y las aspiraciones, le será imposible hacerlo. En la Biblia, siempre que Dios deseaba hacer algo por alguna persona, primero ponía esperanzas y sueños en su corazón. Cuando Abraham tenía setenta y cinco años, Dios le dio la esperanza de que sería el padre de muchas naciones. Cuando tenía cien años, Abraham estaba al borde de ver cumplirse aquella esperanza. Dios lo llamó e hizo que contara las estrellas del firmamento, porque deseaba que se imaginara el número de sus hijos, que serían "tan numerosos como las estrellas del cielo".

Antes de que vendieran a José como esclavo en Egipto, Dios había puesto aspiraciones y sueños dentro de su corazón. Por medio de esas aspiraciones y sueños, Dios terminó por superar todo lo sucedido en su vida y lo hizo primer ministro de Egipto.

Cuando me encontraba en la primera etapa de mi obra pionera, Dios me dio un sueño. Al arrodillarme a orar, el Espíritu me dijo que soñara: — Sueña con la iglesia más grande de Corea. — En aquel entonces, mi iglesia era una pobre carpa dilapidada, pero Dios me dijo —: ¡Sueña! — Desde aquel momento aprendí a vivir en un mundo de visiones. Cuando empecé a soñar que la iglesia estaba abarrotada de gente, ésta empezó a llegar en grandes cantidades. Sin el Espíritu Santo, eso hubiera sido imposible, pero Él hacía uso de mis sueños para atraer a las personas a la iglesia.

Para la mente racional, los sueños son algo

tonto, y yo estaría de acuerdo, si se tienen esos sueños sin tener una meta. No obstante, cuando se fija una meta y se empieza a soñar con ella, el sueño se convierte en un sueño creativo. El Espíritu Santo lo usa para traer el futuro al presente.

Hoy día los pastores de las iglesias más importantes de Corea observan mis principios. Les he enseñado a aplicar los principios de formación de grupos familiares, de fijación de metas y de los sueños creativos. Excepto la Iglesia Presbiteriana, que es la segunda iglesia en tamaño, con treinta y seis mil miembros, las principales iglesias son, en su mayor parte, dirigidas por un pastor que ha aprendido mis principios. Una cuenta con doce mil miembros y la otra con diez mil. Cuando nos reunimos les digo: — Continúen soñando. Sólo crecerán en la medida de sus sueños.

Yo vivo todo el tiempo en un mundo de sueños dados por Dios. En la actualidad vivo con quinientos mil miembros dentro de mí. Esos miembros en potencia son como si fueran otros tantos huevos que incubo dentro de mi espíritu. Para 1984, todos esos huevos habrán incubado.

Dios puede llenarnos sólo en la medida de nuestra propia capacidad y, en lo que a mí respecta, mi capacidad ha aumentado debido a esas aspiraciones y esos sueños.

En tercer lugar, tenemos que creer. Tenemos que creer de veras para alcanzar lo que pedimos, lo que soñamos, y tenemos que hablar con palabras llenas de fe. Jamás hemos de hablar en términos negativos: "No puedo hacerlo. No tengo los medios económicos. No tengo las fuerzas." Si dependemos del Espíritu Santo, no dependemos de nuestros propios recursos, sino de los recursos de Dios.

Por tanto, una vez que hayamos fijado la meta, una vez que hayamos soñado que esa meta se convierte en realidad y estemos convencidos de que nuestra oración ha obtenido respuesta, nuestro deber es compartirla. Yo hablo continuamente acerca de esos quinientos mil miembros, y en mi mente y en mi fe, me persuado de que los he de obtener.

El cuarto punto que un pastor debe observar para que su iglesia crezca, es *persuadir a la congregación* en cuanto a la realidad de esa meta y hacer nacer el entusiasmo. Al hablar sin cesar de mi meta y de mis esperanzas, hago nacer el entusiasmo en las personas y las persuado de que así sucederá. Es imposible que yo solo pueda construir una iglesia grande. Necesito la cooperación de todos los miembros de la congregación; ellos unen sus corazones al mío para creer juntos en el crecimiento. Yo hablo acerca de la meta con mis asociados, y también hablo de ella con los diáconos y las diaconisas. Les hablo de ella a las asociaciones de mujeres y a las comunidades de varones. Le hablo de ella a todo el mundo siempre que se me presenta la oportunidad. Al hablar así, genero fuerza, como dice la Biblia: "Porque de cierto os digo que cualquiera que dijere a este monte: Quítate y échate en el mar, y no dudare en su corazón, sino creyere que será hecho lo que dice, lo que diga le será hecho" (Marcos 11:23). Si a esa palabra se unen las voces de la congregación, ese poder se multiplica.

Por último, hay que *estar preparado*. Muchas personas desean el crecimiento, pero no se preparan para él. Cuando se empiece a experimentar el crecimiento, ¿qué es lo que van a hacer? ¿Cómo pueden estar preparadas para el crecimiento, si no han empezado a levantar fondos para construir una iglesia más grande? Cuando creamos en el crecimiento, y cuando soñemos con él, habrá llegado el momento de actuar como si ya lo hubiésemos alcanzado.

En lo que a mí respecta, ya he empezado a construir una iglesia de quince pisos adyacente a la actual Iglesia Central del Evangelio Completo. El edificio costará diez millones de dólares. El centro del edificio estará abierto desde el piso bajo hasta el décimoquinto y en cada uno de ellos habrá televisión de circuito cerrado para que todos puedan ver lo que sucede. En los actuales momentos, no tengo suficientes miembros para llenar el local, pero en mi imaginación sí los tengo. Por tanto, me he arriesgado y he empezado a construir.

Si no estoy preparado para el crecimiento, ¿qué voy a hacer entonces con todos los nuevos miembros que vendrán a la iglesia a medida que el avivamiento se intensifique? Si no estoy preparado, perderé muchos de ellos por el solo hecho de que les será imposible encontrar asiento en la iglesia cuando vengan los domingos.

Una vez terminado el edificio, voy a construir un nuevo complejo alrededor de la iglesia, que encierre el edificio de la iglesia actual. Entonces derrumbaremos las paredes del edificio interior para unirlo al que se ha construido a su alrededor. Eso costará otros diez millones de dólares.

También estoy agrandando el monte Oración para dar cabida a unas cinco mil personas porque, a medida que la iglesia crezca, muchas personas más visitarán el monte Oración. Ahí se invertirán otros tres millones de dólares.

¿De dónde saco todo ese dinero? Dios es mi fuente. Cuando construí el edificio actual en la isla Yoido, empecé con una meta, con mis visiones y mis sueños; sin embargo, sólo contaba con dos mil quinientos dólares. Se había calculado que el costo sería de dos millones en aquellos momentos. Dios me sacó adelante. De ahí que no me será difícil creer que tendremos veintitrés millones para esos nuevos proyectos.

Cuando las personas comprenden esta visión de futuro y se sienten muy entusiasmadas, lo menos que les preocupa son las finanzas. Cada vez que empiezo un nuevo proyecto, la calculadora es mi último recurso. La primera pregunta que me hago es: — ¿Es ésta la voluntad de Dios? — Si la respuesta es afirmativa, entonces me pregunto —: ¿Tenemos una meta definida? ¿Podemos lograr esa meta y puede ésta responder a todos nuestros sueños y aspiraciones? ¿Tene-

mos verdadera fe? ¿Contamos con el entusiasmo
genuino de la congregación?

Si la respuesta a todas esas preguntas es
afirmativa, eso significa que debo prepararme.
Ese es el momento de sacar la calculadora y
determinar el costo. Doy por sentado que el
dinero vendrá y, en fe, sigo adelante y camino
sobre las aguas. No siento el viento ni veo las
olas; me limito a seguir adelante.

Tenemos que demostrarle al mundo la firmeza de la fe que tenemos. Si esperamos hasta que
experimentemos el crecimiento, estaremos trabajando con dos o tres años de retraso y en ese
tiempo habremos perdido muchos miembros.
La fe necesaria para este ministerio lleva consigo el riesgo.

Sería ridículo que una mujer encinta dijera:
— Bien, si es que voy a dar a luz un niño,
esperaré hasta que eso suceda y entonces com-
praré la ropita y la cuna del bebé. — A esa mujer
le faltaría algo.

Lo mismo sucede cuando damos a luz el
crecimiento de la iglesia. Esto se hace realidad
porque esa iglesia creciente está dentro de
nosotros. Por el poder del Espíritu Santo, la
llevamos en nuestro vientre. Así será como
único podrá nacer. La iglesia *no se construirá*,
sino que *nacerá*. Lo que hago en mi iglesia de
Seúl es construir una cuna más grande. Deseo
estar preparado.

Es imprescindible que un ministro que esté
interesado en el crecimiento de su iglesia — el
crecimiento verdadero — piense así las veinti-

cuatro horas del día. No se trata de algo que podamos dejar para el domingo y para ciertas reuniones. El pastor lo lleva en su seno. De esa manera, se puede hacer crecer (o dar a luz) una iglesia en cualquier lugar. El ministro no tiene que estar en la iglesia todo el tiempo para que eso suceda. Puede encontrarse a mil kilómetros de distancia o más, y el proceso continúa. A menudo me encuentro a miles de kilómetros de distancia, y viajo por el extranjero hasta seis meses al año. Sin embargo, el crecimiento de nuestra iglesia no depende de mi presencia física. Depende de mi capacidad para soñar y de mi fe, dondequiera que me encuentre.

Con una capacidad tal y con una fe como esa, un ministro puede edificar una iglesia así en cualquier lugar. Puede hacerlo en Nueva York, en Guatemala, en El Cabo o en Quito. Las personas que han estudiado conmigo, han podido establecer iglesias por todas partes del mundo cuando han observado esos principios. Entre ellas hay cincuenta en los Estados Unidos, diez en Europa y tres en Japón. A los seis meses de fundadas, todas ellas han podido sostenerse por sí solas, y muchas ya envían misioneros fuera del país. De acuerdo con el punto de vista tradicional de la obra de misiones, eso es imposible. Sin embargo, mis discípulos han demostrado que sí puede hacerse. . . aun en una zona tan pobre como Bangkok.

Hoy día, los paganos no se encuentran en ninguna selva remota. Vivimos en un mundo que el avión de propulsión a chorro ha hecho muy pequeño. En treinta horas podemos llegar a cualquier punto del globo. Los países "paganos" ya no están en "tierras lejanas". Hay paganos en todas partes. Hay paganos en los Estados Unidos, en Europa, en Corea, en América Latina y en Japón. Todos vivimos en un mundo pagano que necesita oír el Evangelio de Cristo Jesús.

Estos principios son contrarios al punto de vista tradicional de las misiones, que sólo ven el mundo pagano en algún lugar remoto donde es necesario que los misioneros de occidente que son subvencionados por sus iglesias centrales vayan a predicar el Evangelio. Cuando examinamos el reverso de la medalla en ese tipo de trabajo misionero, y lo consideramos desde el punto de vista de los paganos, vemos a esos misioneros como una fuente de riqueza, ya que traen dinero consigo. Eso es lo que ven muchos paganos: dinero y oportunidad. Sin embargo, muy pocas veces ven y comprenden realmente el Evangelio.

Por eso yo no les proporciono dinero alguno a los misioneros de mi iglesia para que se lo entreguen a los paganos. Los subvenciono durante seis meses, y de ahí en adelante todo corre por su propia cuenta. Les digo: — Los envío para que prediquen el Evangelio, y sólo el Evangelio. No les hagan creer a las personas que ustedes les traen riquezas. Sólo pueden ayudarlas eficazmente predicándoles el Evangelio. No se preocupen por el dinero. Las cosas se resolverán por sí solas.

Cuando alguien aduce que no puede ser misionero porque no tiene dinero, tiene una idea errónea del poder de Dios para proporcionarle el sustento. Yo empecé mi ministerio sin un solo centavo y tenía una carpa dilapidada como iglesia, pero jamás dependí de ningún misionero extranjero que me proporcionara el sustento. Traté con toda intención de evitar recibir cualquier ayuda económica de extranjeros. Desde entonces he dado millares de dólares para el trabajo misionero en otros países, incluso en los Estados Unidos y Europa.

Dios ha de ser nuestro único recurso. Si dependemos de cualquier otra fuente, no tendremos a quién recurrir en tiempos de escasez. Me hice el firme propósito de que Dios fuera todo mi recurso, y El jamás me ha fallado. En veintitrés años he edificado tres iglesias, y Dios ha cubierto todas mis necesidades.

Nuestra iglesia ha enviado setenta y cinco misioneros a todas partes del mundo, y ellos han aprendido la misma lección. Dios cubrirá todas nuestras necesidades cuando aprendamos a tener en El nuestro único recurso.

Por tanto, todos debemos sentirnos llenos de ánimo. El crecimiento de nuestras iglesias es posible si observamos los principios que he explicado en este libro. El crecimiento de la Iglesia procede del Espíritu Santo, por medio de la Palabra de Dios y de los pastores que tienen fe. Si empleamos el sistema de los grupos familiares, estaremos en condiciones de levantar una iglesia en cualquier lugar.

Nos agradaría recibir noticias suyas.
Por favor, envíe sus comentarios sobre este libro
a la dirección que aparece a continuación.
Muchas gracias.

Editorial Vida
8410 N.W. 53rd Terrace, Suite 103
Miami, Fl. 33166

Vida@zondervan.com
www.editorialvida.com